El
IRRESISTIBLE
PROPÓSITO
de Dios

PASTOR ISRAEL VALENZUELA

Diseño de tapa: Aairon Díaz

Nota del editor: Los conceptos y expresiones contenidas en este libro son de exclusiva responsabilidad del autor, y por lo tanto sus opiniones no necesariamente reflejan el punto de vista del editor.

Las citas bíblicas son de la versión Reina – Valera de 1960 y 1995 en caso de otra versión es citada en el contenido.

Las frases entre los bordes son propias del autor.

Título original: El Irresistible Propósito de Dios. | The Irresistible purpose of God.

Copyright © 2015 by Israel Valenzuela and Yael Valenzuela, 2015

Derechos reservados para los restantes países de América latina y para Estados Unidos:

Primera edición octubre 2015
Primera reimpresión abril 2016

Copyright © 2015 Israel Valenzuela
eventos@israelvalenzuela.com | twitter: @isravalenzuela
www.israelvalenzuela.com Rep. Dominicana Tel. 1.829.434.0421
Contactos en EUA 1.347.678.0761

Para: Mi Señor Jesucristo, Carmen Peña, Sotero Valenzuela, Noelia Guarda, Javier Israel, Natanael y Yael Valenzuela, mis hermanos y hermanas. Jairo Aren, Lidia Rossi, José Pradas, María Celina Zorrilla, Ignacio Hernández, Iglesia Cristiana Ciudad del Rey en República Dominicana e Iglesia Ríos de Vida en Europa.

I. V.

INDICE

...Quien nos salvó y llamó con llamamiento santo, no conforme a nuestra obra, sino según el propósito suyo y la gracia que nos fue dada en Cristo Jesús antes de los tiempos de los siglos...

2da Timoteo 1:9

RECONOCIMIENTOS

Quiero agradecer al Maravilloso Jesucristo que me ha devuelto la vida en más de 5 ocasiones, describir su grandeza es hacer otro libro, pues en las letras no se puede definir. En una palabra le diré a lo que me refiero: Incomparable.

También quiero agradecer a mi hermano Jairo Aren, que su sinceridad hizo que cambiara el contenido de este libro más de tres veces para que hoy pueda ser un producto bien terminado, me ayudó con la investigación de este libro, y cuyos comentarios, ideas, formas y procedimientos desempeñaron un ferviente anhelo para escribir el contenido de estos irresistibles propósitos de Dios. Sin su insistencia, nada de esto habría sido posible. A mi hermano Natanael Valenzuela que me cautivó con sus ideas, tomando notas en cada mensaje predicado en alguna iglesia donde él estaba presente. A la Pastora María Celina Zorrilla, que fue una de las personas que me inspiró y me alentó, quien cuya forma de predicar y ministrar enriqueció mi vida dándome estímulo en mi adolescencia para ser predicador. Lo cual constituye la herencia más valiosa que pudiera recibir.

Además deseo agradecer a Fran Quesada de Punto de Encuentro en Madrid, por ser la persona qué Dios uso para ser conocido en las Iglesias de Madrid. A Josep Pradas, que nunca se opuso para prestarme el púlpito de las iglesias de Ríos Vida y de darme a conocer a muchos pastores en Barcelona y Holanda siendo esto la catapulta de mi ministerio en ese continente. Lidia Rossi una punta de lanza que se atrevió a dejar que Dios ministre su corazón para decirle a la iglesia hay que tenerlo aquí y cada año me decía "¿trajiste tu libro?". Lucy Cosme y Riqui Gell que siempre me dieron esa motivación de escribir, es como a una voz "Profeta escriba el Libro", "¿Profeta ya el libro está?". A mi mentor Ignacio Hernández que me adopto como un hijo, instruyéndome con paciencia para ser hoy predicador y pastor. Mi amigo Aairon Díaz, el diseñador gráfico de mis libros, afiches y portadas, que sin importar las horas siempre está presente.

Un profundo agradecimiento a mi esposa Noelia que noche tras noche entre risas y oraciones me escuchaba leer y corregir este libro. A mi hijo Javier Israel que nació justo en el momento para la terminación de este libro, llenándome de mucha alegría. A los hermanos de la Iglesia Cristiana Ciudad del Rey en República Dominicana, quienes con su paciencia me permitieron pastorearlo con todo ese entusiasmo y me permitieron quitarles un poco del tiempo, para viajar por diferentes naciones dándoles alimentos a otras Iglesias.

Mis padres, Sotero y Carmen Valenzuela, merecen un agradecimiento infinito por su paciencia y apoyo. Mi madre que con entusiasmo y devoción dedico un tiempo precioso para la corrección de los textos, mi hermano Yael Valenzuela que leyó y corrigió varias veces y además su motivación arreglando párrafos y dándome nuevas ideas, que aparte de ser mi hermano, eres esa persona que siempre está dispuesta a extenderme su mano. Y no debo olvidar a mis hermanos, a quienes les robé mucho tiempo para dedicarlo a mis proyectos eclesiásticos.

Por último, a todas aquellas personas que de una u otra forma hicieron posible tomar parte de las palabras que decían para poder plasmarlas en este papel, quiero decirles que tomé prestado sus frases, palabras, y anécdotas sin que ellos se dieran cuenta, pero que al leer este libro se sentirán felices por ver sus referencias. Les agradezco por haberme inspirado para escribir este irresistible propósito de Dios.

Israel Valenzuela

PREFACIO

Entender el irresistible propósito de Dios de la forma en que se presenta en este libro le permitirá tener dominio de lo qué quiere. Podrá hablar con cautela cuando se amerita, pero también comprenderá el diseño de Dios y de lo él que quiere para usted.

Si usted no está preparado ni conoce primero el plan de Dios para su vida no podrá luchar con el enemigo, puesto que nuestra lucha no es contra sangre y carne, sino contra potestades y gobernadores de las tinieblas, aunque la carne es un instrumento muy usado por el enemigo le garantizo en el nombre de Jesús que con las recomendaciones dadas en este libro usted podrá tener discernimiento espiritual para saber cómo y cuándo es atacado, además sabrá contrarrestar dichos ataques, por consiguiente podrá entender cuál es su llamado y su ministerio.

Al finalizar este libro usted sabrá definir con certeza qué tipo de persona es, :las que ven cuando las cosas suceden y las que hacen que las cosas sucedan.

Haga un exhaustivo análisis de su situación emocional, verifique las travesías que vivió o las que está viviendo. Analícelos guiándose por el *Irresistible Propósito de Dios* y se podrá dar cuenta dónde le falta y cuáles son sus puntos de mejoras. Si logra evaluarse y analizarse de esa manera, podrá aprender y entender de una vez por todas el diseño de Dios, y por qué no ha conseguido lo que ha pedido.

Considere el *Irresistible Propósito de Dios* como un libro de cabecera para que entienda cada situación presentada en el diario vivir. Estos principios se basan fundamentalmente en la Biblia, en las historias reveladas por muchos de sus personajes, anécdotas de predicadores, escritos de hombres y mujeres que han entendido el propósito de Dios.

Algunos de estos principios no se adaptarán a su vida por el título, pero cuando usted entre en profundidad se dará cuenta de cómo la palabra de Dios va a ir fluyendo dentro de usted, que le harán hablar moviendo los labios y dirá "Extraordinario lo que estoy leyendo y sintiendo". Es interesante recordarle que los escritos aquí pueden ser de gran bendición a otros cuando usted hable de cómo manejar situaciones, pues aquí arrojaremos respuestas de preguntas mentales hechas desde su conversión a Cristo.

Al ver cada capítulo encontrará una forma llana de explicar los acontecimientos con la palabra de Dios. Solamente con una lectura a la introducción de cada capítulo notará la profundidad y la dimensión que podrá calar y definir el momento que está viviendo y cómo mejorar.

Por último, usted podrá ver este libro como una guía práctica de rico contenido literario que le hará imaginar cada situación y lo transportará al lugar de los hechos, además este libro no tiene un orden de secuencias, para que usted pueda leer el capítulo que desee. El irresistible propósito de Dios, es un arma poderosa si sabe manejar adecuadamente las ideas aquí expuestas, pues entenderá cómo dejar de caminar en lo natural y caminará en lo sobrenatural, tendrá una mentalidad diferente comprendiendo que todo tiene un propósito.

Su espíritu, alma y cuerpo experimentarán la cautividad de la palabra de Dios. Un punto neurálgico es que todo lo leído es para ponerse en práctica cuanto antes, o no tendrá razón de ser.

De poner en práctica y aplicar lo aprendido usted tendrá la capacidad de confrontar los poderes de las tinieblas, de saber cómo viene el ataque y podrá saber cuál es el verdadero propósito de Dios y cómo alcanzarlo.

Es mejor morir en el propósito que vivir fuera del propósito.

MYLES MONROE , BAHAMEÑO 1954-2014

Cualquier hombre que entra a un nuevo empleo, es como una estación del tren, le recogen con el propósito de llevarlo a su destino, así es Dios; entras en el tren del evangelio, recibes bendiciones, paz, tranquilidad, con el propósito seguro de llegar al trono de la gracia de Dios, y como se respeta el libre albedrío puedes pedir la parada donde quieras, pero corres el riesgo de que el tren no vuelva a pasar por esa estación.

RUBÉN DARÍO NIN - DOMINICANO

AFIRMACIONES

Para entrar en el propósito tienes que ser responsable, si usted toma en serio a Dios, él le tomara en serio, pues si usted es responsable Dios no dejará de bendecir a un hombre o una mujer responsable.

PREDICADOR COSTARRISENCE

Hay un propósito de Dios para la vida de cada uno de nosotros, y debemos conocerlo para que se cumpla su voluntad en nuestra vida.

PASTOR, - GUATEMALTECO

Porque la verdad es que muchos no conocen ni entrarán en la presencia de Dios si no tiene un propósito definido. El día que el velo del templo se rasgó, la entrada a la presencia de Dios quedó abierta, pero pocos logran ver dentro.

¿Sabes lo que da vida en el Jardín del Edén y a Adán y Eva? ¿Y sabes qué le quitó la vida al hombre? La presencia de Dios, pues no tenían ellos un propósito. El motivo de toda enfermedad, de toda insatisfacción personal, no puede ser acreditado a otro argumento o situación a no ser la falta de propósito para alcanzar la presencia de Dios.

PAULO JUNIOR, PREDICADOR BRASILEIRO

Cuando entras al estado de Fe que la Biblia dice: por su llaga somos sanos, esa verdad bíblica debe apartar mi realidad y la única forma de afectar mi realidad es poniendo por encima esa verdad bíblica para mí, de esa forma esa realidad me hará encaminarme al propósito de Dios en mi vida.

JUNIOR HEREDIA, PASTOR DOMINICANO

Sin duda, Dios tiene un propósito eterno. Y para conocerlo, debemos ir más atrás de la caída de Adán y Eva, y llegar más allá del fin de Satanás. Para conocerlo tenemos que abandonar la mirada limitada con que juzgamos las así llamadas "cosas de Dios" y sumergirnos en la mente de Dios -hasta donde nos es revelado por el Espíritu en su Palabra...

DESCONOCIDO

Mientras algunos están mirando su destino profético, otros están mirando su pasado de lamentos. Por eso hay proyectos y propósitos que no son para personas lentas. Los que son muy rápidos le arrebatan los proyectos y propósitos a los lentos.

JAIRO AREN, PASTOR DOMINICANO

Cuando usted conoce el propósito de Dios para su vida, le hace ligarse fuertemente en una intimidad profunda con Él, a tal grado que no se puede sobrevivir sin tener un propósito. ¡A usted le seria de mucho provecho rodearse con personas que viven en intimidad con Dios!

MARÍA CELINA ZORRILLA, PASTORA DOMINICANA
1950 -2015

PRINCIPIO N°
1

HUELA A PRESENCIA DE DIOS

Busque la manera de tener el olor de la presencia de Dios. No permita que el mal olor del pecado lo induzca y lo persuada a que sus talentos y su capacidad sea ofrecida al enemigo. Haga lo posible por estar limpio y sin mancha.

El 12 de agosto de 1976 se conoció la noticia de mi nacimiento. Desde que tengo uso de razón he estado metido dentro de la iglesia. Si mi memoria no me falla mi conversión fue a los ocho años de edad.

Mis padres, ambos pastores en una localidad de Santo Domingo, República Dominicana, tenían la ardua tarea de enseñarnos a mí y mis hermanos la vida cristiana y de cómo mantenernos en el camino del evangelio; tres cosas ellos nos exigían; Primero: en esta casa todos deben de ser evangélicos; Segundo: los pastores debemos ser ejemplo a la comunidad y en la congregación en que servimos y Tercero: debemos oler a Dios. Escuchar esas palabras constituía un gran reto de dedicación, entrega y devoción.

UN POCO DE HISTORIA

Para llegar a la iglesia que mis padres pastoreaban caminábamos aproximadamente siete kilómetros, esto lo hacíamos de tres a cuatro veces por semana. Ese trayecto era oscuro, el tránsito vehicular era escaso, en toda esa trayectoria contábamos anécdotas o adorábamos al Señor mientras nuestro padre nos acompañaba con su guitarra.

Mis padres tenían una visión, un propósito: querían ser ejemplo a la comunidad y a los demás pastores de que se puede mantener una familia inmersa en la presencia de Dios.

En los momentos que no queríamos cantar, ni caminar, ni ir a la iglesia, escuchábamos un sermón nada motivador, "No se quejen que como quiera tenemos que ir a la iglesia y ay de ustedes si se descarrían" esas palabras me hacían orar y decir "¿Señor hasta cuándo?". Sentíamos que los oídos de Dios estaban lejos de nosotros y nunca las peticiones iban a ser contestadas.

Esos años fueron difíciles, fruto de esas caminatas comenzó a crecerme un hueso cerca del dedo grande del pie derecho (juanete) y tenía que tragarme yo solito ese dolor para no ser el culpable de detener el propósito de Dios en la vida de mis padres.

Una noche mientras finalizaba el servicio comenzó a llover fuertemente. No podíamos irnos a casa y mis padres decidieron que teníamos que amanecer en la iglesia ¿Cómo?, ¿en la Iglesia? me pregunté. En ese lugar estábamos sin sábanas, hacia frio, no había energía eléctrica, tampoco había camas, sino una superficie dura y fría llamado "el piso"

Entonces cuando llegó la hora de acostarnos algunos nos tiramos en ese piso y el otros se acostaron en los bancos. No importaba el lugar que eligiéramos para dormir, tanto la madera de los bancos y el piso estaban incomodos.

Esa noche con lágrimas en los ojos mientras todos dormían o trataban de dormir, canté para dentro de mí, la canción "Señor mi Dios, al contemplar los cielos el firmamento y las estrellas mil, "y cuando en el momento preciso que entone dentro de mí!, Mi *corazón entona la canción. ¡Cuán grande es Él! ¡Cuán grande es Él!"* Lloraba sin poder comprender lo que estaba sucediendo dentro de mí.

Muchas interrogantes pasaron por mi cabeza, entre ellas; ¿por qué somos tan pobres?, ¿por qué mis padres no tenían siquiera una motocicleta?, ¿por qué pastorean tan lejos?. Tantas preguntas sin recibir una sola respuesta, sólo observaba que el diario vivir de mis padres era orar y ayudar a las personas para que sean mejores cristianos. Su vida era pastorear junto a sus siete hijos llevándolos como una locomotora que arrastra a los vagones todo el camino.

Mientras esas lágrimas corrían por mi rostro escuché una voz que me dijo;
— "Israel", "Israel" tus padres huelen a mí, y a ellos no le preocupa lo material sino lo espiritual, mientras te enfoques en lo material que pueda darte, nunca podrás alcanzar el olor de mi presencia, pues mi olor no se basa en lo material sino en lo espiritual.

Cuando esa voz dejó de hablar me asusté tanto que yo tenía los pantalones mojados. Al amanecer no le comenté a nadie mi experiencia y seguidamente nos fuimos a nuestra casa mientras meditaba todo el camino cómo sería el olor de la presencia de Dios

Al llegar a casa busqué la Biblia para entender más sobre esto, entonces leí la historia del profeta Elías y a mi temprana edad comprendí que este profeta se metió en la cueva huyéndole al perfume de Jezabel, él tenía miedo, estaba desesperado dijo que era el único que quedaba, cosa que hizo que Dios buscara un sucesor.

OLOR FRAGANTE

Elías desafío a Acab, rey de Israel, a una confrontación en el monte Carmelo, para demostrar quién era el Dios verdadero que merecía la adoración del pueblo. Acab aceptó el desafío, quizá pensando que así lograría deshacerse del profeta a quien llamaba "el que perturba a Israel". Elías estuvo frente al pueblo de Israel junto a los cuatrocientos cincuenta profetas de Baal. Pidió a Dios que enviara fuego del cielo para consumir el holocausto, La contestación de Dios fue inmediata, descendió fuego del cielo consumió, el buey, la leña, las piedras, el polvo y el agua que había hasta en la zanja. Todo el pueblo quedó convencido de que solamente Jehová es el Dios verdadero.

Al enterarse Jezabel de lo sucedido con respecto a Elías se enojó tanto que quería cortarle la cabeza. Elías entró en un estado de tormento, de miedo, de terror, llego a creer que él era el único creyente que quedaba en todo Israel. Dios lo tuvo que llamar a la realidad y decirle: Ungirás a Eliseo hijo de Safat, de Abel-mehola, para que sea profeta en tu lugar. (1 Reyes 19:17)

Jehová seleccionó a Eliseo por expeler consecutivamente esa fragancia espiritual. Cuando alguien se niega a hacer la tarea encomendada, Dios buscará el sustituto conforme a su corazón y propósito.

Éste es el destino que corren de una u otra forma, todos aquellos que temen al olor del enemigo, que en la mayoría de los casos provoca en el cristiano un punto de desequilibrio y miedo, sus dudas hacen que la aroma del Espíritu Santo se sienta disminuida, viene la depresión conjuntamente con la acusación del enemigo haciéndonos viles, queriéndonos demostrar que no somos lo suficientemente adeptos para cumplir ese propósito.

Según la revelación bíblica, Elías olvidó por un momento que había vencido a cuatrocientos cincuenta falsos profetas de Baal, hizo descender fuego del cielo, había orando para que lluvia cesara por más de 3 años. Su posición era envidiable, él estaba en la cima, un hombre lleno de poder de Dios, pero salió huyendo al desagradable olor de los demonios que ya había confrontado ocultándose en una cueva.

EL PODER DEL OLOR

El olor es la sensación que resulta de la recepción de un estímulo por el sistema sensorial olfativo, así como también es el objeto de percepción del sentido del olfato.

Estamos dotados para poder distinguir cuando el olor es agradable o repugnante, un olor agradable nos permite pasar horas apreciando, disfrutando e imaginando cosas. Oler a la presencia de Dios es agradable y único; abre puertas, causa pánico a las huestes de maldad. Cuando se tiene olor a presencia de Dios, se actúa de manera diferente, con cautela provocando una identidad única de una fragancia espiritual que hace del quien lo rodee en ese momento el reconocimiento instantánea de que usted es portador de una unción poderosa. Ese olor será la identidad que marcará la diferencia de los demás.

"Porque para Dios somos grato olor de Cristo en los que se salvan, y en los que se pierden.

APÓSTOL PABLO EN SU SEGUNDA

CARTA A LOS CORINTIOS 2:15

Los no videntes desarrollan finamente el sentido del olfato hasta para indicar una calle, una situación. Un buen perfume puede recordarnos situaciones de la niñez, un romance, una caída, una situación almacenada en el cerebro, trayendo recuerdos que nos hacen viajar en el tiempo. Una persona que espiritualmente tiene esa fragancia, ese grato olor ante Dios, siempre será usado por él, estará de forma indiscutible en su agenda, hasta los mismos demonios podrán distinguir e identificar cuando usted se acerque, manifestándose y tratando de huir de ese lugar.

Cuando se tiene un buen perfume nos hacemos fiel a la marca, Eliseo sabía que Elías portaba un ministerio poderoso, por eso pidió el doble, era tanto el perfume que tenía Elías que quiso más, "Dame una doble porción". Al tener usted ese olor poderoso en Dios, será ejemplo, la gente querrá compartir con usted, siempre le estarán bendiciendo reconociendo que su compañía es grata.

Al experimentar esa agradable aroma del Espíritu Santo, sentirá que su vida entrará en el reposo anhelado, ese olor es lo que espanta al diablo y sus demonios, no tiene que ser el mejor predicador, ni el que más dones posea. La clave está en oler. ¿Cómo oler? así es, oler y se logra buscando continuamente la presencia de Dios. Romanos 12:1 dice; "… presenten sus cuerpos en sacrificio vivo, santo, agradable a Dios, por tanto cuando usted sacrifica su cuerpo aparece el olor que llega a la presencia de Dios que es vuestro racional culto".

El olor de la presencia de Dios, será como perfume que le identificará donde quiera que usted esté

Una persona especialista en perfumería me dijo: "al ponerte el perfume se mezcla con el olor natural de cada cuerpo, tomando esa explicación podemos señalar que el olor de la presencia de Dios estaba tan activo en Eliseo que aun después de muerto, su cadáver dio vida a otro cuando fue depositado encima de él, en la misma tumba.

COMO OLER A PRESENCIA DE DIOS

Todos tenemos momentos que incluyen; alegrías, tristezas, aunque cualquiera de esas opciones se hacen vivas cada día en nuestras vidas, por lo tanto no se debe impedir que la aroma de la presencia de Dios se ausente. En mi caso vivir dentro de una familia pastoral con reglas que parecerían ser absurdas, con padres que a la vez son tus pastores conlleva una gran responsabilidad dentro y fuera del ámbito cristiano, donde las personas te ven como ejemplo, por eso hermanos y yo vivíamos bajo la cobertura de mis padres nos mantuvimos en la iglesia: adquiriendo el olor a Dios; predicando, enseñando y ayudando.

Naturalmente si quiere oler a Dios, debe de preparase pues será atacado por las huestes de maldad, siendo su objetivo que usted huela a ellos, no a Dios!

No se engañe pensando que va a oler a Dios con tan sólo decirlo y declararlo, esto, conlleva a vivir un repudio al hedor del pecado. Debe aborrecer lo que Dios aborrece.

Examíname oh Dios, y conoce mi corazón; pruébame y conoce mis pensamientos; y ve si hay en mí camino de perversidad, y guíame en el camino eterno"

SALMOS 139:23-24

Este principio implica que deberá aprender, que es posible que olor de la presencia de Dios baje la intensidad y se hará autodependiente de ese perfume.

Cuando usted se pone un perfume muchas veces no siente el aroma pues su olfato se acostumbró a ese olor. Usted pensará que Dios lo ha dejado sólo y creerá que no lo está respaldando. Hay personas que son muy inseguras aún cuando tienen el olor de la presencia y por eso no pueden activar nada en el mundo Espiritual. Aprenda a creer (saber a ciencia cierta) que usted ya posee ese olor y si no busque a toda costa obtenerlo.

Pocos en la biblia alcanzaron ese olor que tenía Elías, era un hombre que no le tenía miedo al peligro a tal grado que no vio la muerte, sino que fue arrebatado al cielo.

Haga lo imposible por no perder el olor. Al perderlo, el enemigo hará un festín con su vida. El que esté firme mire que no caiga. Si siente que ha perdido el olor, no se desespere ni se desanime, aplíquese de forma continua Filipenses 4:13 – Todo lo puedo en Cristo que me fortalece, mientras más busques de Dios, más cerca estará de su perfume.

Recuerde: presente su cuerpo en sacrificio vivo, con el transcurso del tiempo, usted alcanzará un perfume que desde lejos se sentirá. La gente le conocerá por lo que es y de la manera en que se deje usar por Dios.

Hay muchos que quieren oler a Dios pero no hacen el mínimo esfuerzo para entrar en intimidad con él.

KELVIN ARACENA, PASTOR DOMINICANO

El deseo del Señor Jesucristo es que usted sea imitador de él, que use su fragancia, esa fragancia que hace temblar las huestes de maldad.

Génesis 8: 20. Y edificó Noé un altar a Jehová… Y percibió Jehová olor grato; así que, mi querido lector, para oler a Dios se debe sacrificarse. ¡Usted lo puedes lograr!

PRINCIPIO N°
2

TENGA RODILLAS DE ACERO:
ORE

La oración es fuente de aliento, hablar con Dios es un privilegio, sin oración no hay evangelio, esa es la clave de la victoria. Cuando usted es una persona de oración, los de al lado creerán cada palabra que salga de su boca.

MIS RODILLAS

Los grandes predicadores y ministros no obtienen su grandeza por la función de capacidad de hablar que poseen sino por ciertas condiciones que, en realidad son virtudes y que ellos reconocen bien que la clave del poder espiritual se obtiene a través de la oración.

Desde muy temprano percibí el beneficio de la oración como fuente y canal de tener una intimidad con Dios. Escuchaba a mis padres pasar horas orando y veía ese acto como cosa natural. La fuerza de lo que provoca la oración y mi convencimiento de que cada hombre y cada mujer deben tener una vida de oración, hallaron testimonio en la necesidad de jamás salir de mi casa sin orar. Contrario a querer ser cantante, mis ansias de ser predicador me convirtió en ser dependiente a la oración que con el correr de los años sería indispensable para mí. Esa extraordinaria necesidad de oración reflejaba una exigencia latente en el fondo de mi ser; también escuchaba a mis padres decir: *"cuando hay una necesidad, orando es que se consiguen las cosas"*.

UNA PECULIAR ENFERMEDAD

Nací con enuresis; una enfermedad que me hacía sentir incómodo y humillado, sobre todo cuando llegué a la adolescencia. Debido al miedo a orinarme, solía evitar ir a campamentos y dormir fuera de mi casa, de modo que me era complicado llevar una vida social normal. Me avergonzaba pero no lo aparentaba gracias a mi autodisciplina. Me aterrorizaba ante la idea de que alguien se enterara de esa enfermedad, lloraba y gritaba al cielo.
— ¿Por qué tengo esta enfermedad tan cruel?
Era tanto lo que sentía en mí mismo, que caminaba por el mundo aislado en mi desprecio!. Cuando me comparaba con los demás, me sentía deprimido, a tal grado que cuando mis hermanos querían molestarme decían; ¡cuidado ahí viene SI-MEON!.

Mi problema de enuresis no podía ser resuelto ni por mis padres, ni por el pediatra, ni medicamento, lo que provocaba en mi era una tristeza depresiva, hasta que entendí que a través de la oración iba a ser sanado.

La oración es la espada que corta y destruye todas las asechanzas del maligno tentador, él cuándo ve orar, a su morada huye, morada tenebrosa llena de gran temor.

JULIA JAVIER - ADORADORA DOMINICANA

La oración es la piedra fundamental para obtener la capacidad de dominar las emociones, es la marca de la iglesia, la marca del cristiano. Una persona es conocida en el mundo espírítula cuando lleva una vida de oración. Los que no oran nunca entienden el llamdo y siempre están esperando que le digan lo que tienen y quieren oír y no lo que verdaderamente Dios quiere mostrarle. No orar, es un error y hará que le cueste mucho entender las maravillas, los diseños y los propósitos de Dios.

La falta de oración nubla el entendimiento, daña la razón y el acercamiento con Dios. Si se es capaz de llevar una vida de oración, podrá prepararse para entender el propósito con un cierto grado de control.

Clama a mí y yo responderé y te enseñaré cosas grandes y ocultas que tú no conoces.

PROFETA JEREMÍAS, EN JEREMÍAS 33:3

LA ORACIÓN QUE TODO LO PUEDE

La dejadez en la oración es el arma más poderosa que tiene el diablo; ésta es la que más rápidamente le aleja de Dios. También ejerce el efecto dominó de tal manera que contagiará todo el cuerpo y todo tu ser.

Cuando no hay oración, la familia y el ministerio fracasa, hay frutos grandes al emplear cada día la oración, pues ésta se convierte en poder, pero esta no es para emplearse en cinco minutos, sino en una vida constante. Por esa razón Jesús sabiamente dijo: "Velad y Orad para que no entréis en tentación", (Mateo 26:41) eso significa estar atentos y mantener una constante afinidad, en pocas palabras mientras más entre en intimidad con El, más fuerte será y entre más fuerte es, le será más fácil decirle no al Pecado.

El hombre que ora deja de pecar, el hombre que peca deja de orar

LEONARD RAVENHILL – EVANGELISTA BRITÁNICO
1907-1994

LA CLAVE DE LA ORACIÓN

La manera más eficaz de comunicarse con Dios es a través de la oración; ésta se convierte en escudo fuerte, es una fuente de aliento. Algunos dicen; Dios nunca me escucha o no me habla, no sabiendo que es un gravísimo error pensar o hablar de esa forma. Quienes expresan estas palabras están dudando el poder de Dios. Cuando se ora buscando ser escuchado se logra tener una comunión íntima con el Señor, es común que se quiere orar más cuando se quiere lograr o alcanzar una petición.

Regularmente tendemos a emplear más fuerza en la oración en tiempos de crisis, cuando lo correcto es orar sin cesar, constantemente. El profeta Jeremías en el capítulo 17:9. Expresa: Solamente Dios conoce las intenciones de nuestro corazón y puede leer nuestro pensamiento".

Los que quieren una vida suave optan por buscar apóstoles, profetas, ministros, pastores o cualquiera que le dé una palabra, pero no toman el momento para alcanzar una relación directa sin intermediarios. Otros han perdido hasta la vergüenza diciendo: *"Ore por mí para que Dios me dé una palabra"* o van a lugares buscando esa palabra anhelada, se les ve metidos en congresos, seminarios y reuniones buscado una especie de brujos evangélicos. Mientras se piense de esa manera nunca tendremos rodillas de acero y será dependiente de la oración de otras personas.

Yo era uno de esos cristianos buscadores de milagros, a tal punto que no escuchaba la prédica y sólo me decía: ¿Cuándo harán el llamado a los enfermos?". Mientras pensaba de esa manera, Dios no podía darme respuestas. A mi entender Él estaba buscando una relación directa, donde yo desarrollara músculos de oración, de perseverancia; era prácticamente provocar un cambio de mentalidad.

Para cambiar de actitud lo primero que hice fue iniciar pedirle directamente a Dios por mi milagro. Cuatro meses después de cumplir los dieciséis años de edad experimenté el poder de la oración, al recibir como regalo de cumpleaños la sanidad y el otorgamiento de dones espirituales.

Si no tenemos motivos para orar, nos volvemos perezosos.

El clamor más común del que no tiene una vida de oración, es "Jehová háblame estoy desesperado". Usted debe de estar siempre cubierto en oración y estar preparado para cuando venga una situación difícil.

Mientras más usted ore, menos necesitará que venga alguien a darle una palabra, e incluso se molestará cuando alguien le diga algo en nombre de Dios, sabiendo usted que no es de Dios. La constante lectura de la Biblia le guiará a una oración más acorde a su voluntad.

"No hay gloria sin sacrificios, ni placeres sin austeridad"

CÓMO TENER RODILLAS DE ACERO

Daniel fue capaz de entender los pensamientos de aquellos que les adversaban. Él no había cometido falta contra el Rey ni el pueblo. Sus rodillas no se doblegaron al edicto de que cualquiera que en el espacio de treinta días demande petición de cualquier dios u hombre sea echado en el foso de los leones. Las Rodillas de acero fueron evidenciadas en Daniel desde su primer día en Babilonia.

> *Daniel propuso en su corazón no contaminarse con la porción de la comida del rey, ni con el vino que él bebía; pidió, por tanto, al jefe de los eunucos que no se le obligase a contaminarse.*
>
> PROFETA DANIEL CAPÍTULO 1.8
> CUANDO FUE LLEVADO CAUTIVO A BABILONIA

Nada sacaba a Daniel de su tiempo de oración, nunca tuvo que consultar a otros líderes "exitosos" sobre cómo llevar a cabo su llamado. Él no tuvo que asistir a seminarios para saber cómo ministrar a las multitudes que estaban bajo su cuidado (no quiere decir que los seminarios y congreso o cualquier medio para capacitarse sea malo). Él simplemente se retiraba de todas sus actividades para orar. A través de esa acción recibía toda la sabiduría, dirección, mensajes y profecías mientras estaba de rodillas.

Daniel era inocente, así que los líderes de Babilonia no podían sorprenderle en una sola falta. Ellos finalmente concluyeron que la única manera era conseguir que el profeta fallara era a través de su devoción a Dios. Era de conocimiento público la rutina de Daniel, de orar tres veces al día, con las ventanas de la casa abiertas sin importar que lo vieran.

La oración fue el acto que lo metió en problemas fue lo mismo que lo saco. Cuando los sátrapas hablaron al rey Darío para que confirma el edicto con su sello y firma para que no se pueda abrogar, Daniel era un gobernador que sabía todo esto, sin embargo no protestó, no usó su influencia, ni sus contactos con el rey, ni le pidió a Dios de que lo librara del edicto, hizo lo acostumbrado; ORAR. Para Daniel era como si ese edicto no existiera. Ellos decían: "No encontraremos ocasión alguna para acusarle, excepto no la hallamos contra él en relación con la ley de su Dios." (Daniel 6:5) ¿Se podrá decir esto de nosotros hoy?

Daniel supo que el edicto había sido firmado, entró en su casa y abiertas las ventanas, se arrodillo como acostumbraba. Fíjese que esa situación **DE VIDA O MUERTE** no hizo que Daniel orara más de lo que hacía, sino que lo hacía tal y como era su costumbre, si usted tiene una agenda de oración, Dios mismo, no yo, le garantiza la victoria en cada proceso.

Al ver que oraba, los sátrapas se molestaron, de la misma manera que el diablo se molesta cuando usted ora. Ellos nunca imaginaron que ese hombre no tenía rodillas de mermelada, sino de acero, rodillas conocidas y temidas en el mundo de las tinieblas.

A veces nos preguntamos ¿por qué mientras oro suceden tantas cosas contrarias a las que pido?, la respuesta es que todo sucede para que la Gloria de Dios sea manifestada. Las consecuencias de la oración llevó al rey, los sátrapas y al pueblo a entender el poder del hombre que ora, al ser librado de una manera extraordinaria del foso de los leones hambrientos por unas rodillas de acero que permanecieron firmes cerrándole la boca a los leones.

Cuando se tienen rodillas de acero
se provoca una unción poderosa.

LA ORACIÓN ES EL ARMA LETAL CONTRA EL PECADO

Utilice la oración de una manera que sus rodillas hagan temblar al enemigo. Aprenda a tener una agenda donde indique su hora de oración, sacrifique hasta el tiempo que no le alcanza para vivir metido con Dios. El arma más poderosa que tiene el ser humano es la oración por ser esta la fuerza, el poder y el secreto que mueve el cielo, mueve a Dios. Ni el dinero, ni el genio, ni la cultura, ni las grandes obras pueden hacer algo para mover a Dios, sino la oración con fe. Lo único que hace efectiva nuestra oración es la intercesión de Cristo por nosotros.

Porque hay un solo Dios, y un solo mediador entre Dios y los hombres, Jesucristo hombre.

PRIMERA CARTA DE PABLO A TIMOTEO

EN, 1RA TIMOTEO 2:5

Permítame aclararle lo siguiente: El enemigo no le teme a títulos. Usted puede ser apóstol, profeta, pastor, evangelista y cualquier otro siervo, pero entienda que el enemigo le teme a la gente que ora, él sabe que esa persona puede derrotarlo.

SOBERANÍA

Si ha perdido el deseo de orar, (aunque en buen sentido de la palabra eso debe quitarle el sueño) debe saber que se puede adquirir un hábito comenzando con metas pequeñas y cronometre su tiempo de oración y a medida que pasan los días vaya aumentando los minutos.

La gran verdad es que la gente está siendo derrotada porque no ora. Por no tener una vida de oración plena

---

Recuerde: las mejores batallas se ganan orando. La oración no es un conjuro mágico que tiene el poder en sí mismo. De hecho, Jesús nos advirtió contra el mal uso de la oración.

Y al orar, no usen ustedes repeticiones sin sentido, como los Gentiles, porque ellos se imaginan que serán oídos por su palabrería. Por tanto, no se hagan semejantes a ellos; porque su Padre sabe lo que ustedes necesitan antes que ustedes lo pidan.

APÓSTOL MATEO, CAPÍTULO 6:7-8

"Por tanto os digo que todo lo que pidiereis orando, creed que lo recibiréis y os vendrá".

APÓSTOL MARCOS, CAPÍTULO 11:24

PRINCIPIO Nº
3

NUNCA ESCUCHES LAS PIEDRAS MAL PUESTAS EN EL CAMINO, APRENDA A SER SORDO CUANDO LO AMERITE

Las piedras mal puestas en el camino le hacen tropezar y en vez de ayudarte dañan su andar, éstas fácilmente le hacen resbalar, suelen convertirse en acusadores en vez de ser ayudadores. Lo cierto es que usted debe tener un oído fino para saber diferenciar la voz de Dios, la voz del diablo y la voz humana.

LAS PIEDRAS

Al inicio del ministerio no me fue fácil, daba seguimiento a los predicadores de la época como: Yiye Ávila, Jorge Rasquie, Jimmy Swaggart, Ezequiel Molina, David del Villar, Elías Puello entre otros. Tenía el deseo ferviente en mi corazón de predicar como ellos. Comencé a imitarlos, le comentaba a mis amigos: - *Quiero ser predicador, la gente sabrá del poder de Dios a través de mí.*

Muchos no creían que un joven tan tímido podría llegar a ser algo, pero persistía e insistía, no me daban oportunidades en la iglesia para desarrollarme, me decían no puedes, no tienes la capacidad de predicarles a más de dos, para ser un predicador tienes que tener mucho conocimiento bíblico o no recibirás invitaciones. Eres muy joven. Estas palabras me herían y una parte de mí quería renunciar a los sueños.

En una de mis insistencias llego el día. Por fin prediqué, preparé un mega mensaje pero eso se convirtió en un mensaje de 5 minutos y sólo dije 700 Aleluya y casi 400 gloria a Dios, al final de mi exposición bíblica fui objeto de burlas. Les pregunté a algunos ¿qué te pareció el mensaje? Uff respuestas difíciles e hirientes "no das para eso", "no podrás", "ese mensaje estaba vacío", todas esas respuestas trataron de hacerme renunciar a mis sueños, no obstante la fuerza y el convencimiento de que cada persona tiene un llamado por el cual tiene luchar, se me ocurrió una gran idea y opté por predicar en el baño, prepare más de 10 mensajes mientras me duchaba, ya pensaban que me estaba poniendo loco, y sí, así es, es loco por Cristo.

Mi afán de ser predicador llegó a niveles alarmantes, pedí una llave de la iglesia para estar a solas, me imaginaba la iglesia llena daba palabras, ministraba sanidad y les predicaba. En uno de esos días llegaron líderes y pude escuchar un murmullo cuando dijeron; "ahí está el loquito", esa palabra fue asesinato en primer grado. Pero al instante escuché la contra parte de una mujer de Dios, llamada María Celina Zorrilla dijo: ustedes lo ven así; yo no, ese muchacho va a llegar lejos y en los próximos años recordarán mis palabras. De eso ya tenemos historial.

Tener piedras en el camino ayudará a lograr sus sueños, convirtiéndose en un reto para usted.

A menudo cuando buscamos el consejo sin la aprobación de Dios, esas personas que una vez le alentaron se volverán piedras que en vez de auxiliarle serán los que querrán hundirle. Los amigos son los que más quieren que te vayan bien pero también, a los amigos les gusta que le cuentes todo lo que le sucede; sus experiencias con Dios, y demás cosas.

No debería ser así, pero esta es una gran realidad. Al usted comentar sus deseos, su visión a sus amigos o personas cercanas, en su gran mayoría estos anhelarán sus sueños, e inconscientemente, se molestarán al sentirse que no ha recibido esas bendiciones que Dios ha otorgado a usted.

Tenga cuidado a quien decide para contar sus sueños, no todos tienen ese deseo de apoyarle.

Sin piedras en el camino, no habrá sacrificios, no se podrá apreciar el andar, ni sabrá distinguir si es Dios o el hombre quien le está hablando. Le estoy diciendo que habrá ¡piedras! Puede que Dios en su infinita misericordia le quite una que otra, pero el propósito de ellas es que usted aprenda a caminar aunque ellas lo estorben.

LAS PIEDRAS QUE HABLAN

Nehemías consideró a Gesem el Árabe, Sambalat y Tobías como la clave para poder seguir edificando, mientras ellos hablan, el pueblo no dormía, esta oposición se convirtió en el fundamento de avanzar sin retroceder.

Nehemías 2:19 dice: Cuando oyó Sambalat que inició la edificación, se enojó y se enfureció en gran manera, se burló de los judíos. Prácticamente lo que el enemigo quiere es que usted no avance a la meta que Dios le ha encomendado, quedándose cómodo en la vida que lleva, una vida de esclavo que nunca lo llevará a ser libre.

El propósito de las piedras que encontró Nehemías era mostrarle las desventajas y la gran dificultad que te tendría con esta ardua tarea. Este Sambalat les dijo: ¿Qué hacen estos débiles judíos? es como decirle a usted ¿qué hace buscando la presencia?, si Dios le quiere sanar que le sane, si él le quiera dar que le dé. Él lo sabe todo, no hace falta buscar su presencia, no hace falta adorar. Las piedras mal puestas en el camino le dirán eso y mucho más.

Es en ese momento que el diablo toma las palabras para desmoralizarle y no dejarle avanzar, tratando por cualquier medio posible desalentarlo sin ni siquiera haber empezar el propósito, le mostrara una visión desalentadora del camino.

Debe saber que el enemigo va a usar la misma Biblia en su contra, e incluso un versículo como: Dios sabe de qué tenemos necesidad antes de pedirlo puede llegar a su mente seguido de la palabras; Como Dios lo sabe todo, no tengo que perder el tiempo orando, ni pidiendo, ni buscando.. ¡Tenga mucho cuidado! El Espíritu le dice: Orad sin cesar y Jesús mismo: Pedid y se os dará.

El enemigo le pondrá grandes obstáculos para que no lleve una vida victoriosa; le calumniarán, le ofenderán, vendrá el menosprecio, el oprobio y la lucha interna.

La reacción del diablo es la de "enojarse y enfurecerse" él sabe que usted tiene un norte, las piedras están pendiente al tanto del fracaso, no descansarán, recuerde ellos le motivarán y dirán usted puede, pero al ver que usted está decidido y puesto para Dios opinarán lo contrario.

Nunca permita que las piedras le alteren o atemoricen. Siempre habrán piedras y nos referimos a las mal puestas, lo mejor es saber reconocerlas. El hombre y la mujer de Dios saben utilizar esas piedras como instrumento de bendición.

COMO SER SORDO

Al inicio de la reconstrucción Nehemías clamó "Oye, oh Dios nuestro, que somos objeto de su menosprecio. No hay más palabras que hieran como las que nos dicen cuando iniciamos un proyecto, palabras pesimistas, cargadas de envidias. Lo mejor que hizo Nehemías fue no darle mente a eso, no se intimidó, ni enfrentó a sus opositores, se levantó en firmeza, reaccionando conforme a la voluntad de Dios. Esa es la parte de hacerse el sordo cuando lo amerita.

Eso es lo que Dios quiere, que los problemas se los dejemos a él, y sigamos con el propósito encomendado. Usted no debe detenerse, avance, si ya usted le entregó el problema a Dios, no mire atrás, y si lo hace solo observe qué tan lejos ha llegado no para retroceder.

Una piedra en un zapato por más insignificante que fuere, provoca daños en el pie.

Hay dos tipos de piedras: la mal puestas y las que adornan el camino. Las que adornan no llegan a ningún lado y sólo observarán su andar. Pero ojo con las piedras mal puestas, esta provocan las llagas, la ira, la depresión, la angustia, la desesperación, estas tuvieron sus momentos de impacto en la vida ministerial, quedándose ahí para hacerle la vida imposible para lograr que usted tropiece. Estos pueden ser cristianos fríos y tibios que alguna vez decidieron caminar y se quedaron escuchando voces, tomando consejos de hombre y terminaron convirtiéndose en las famosas piedras del camino, no alcanzaron la bendición por estar revelando los propósitos antes de dar el primer paso. Al no llegar crean un efecto retrograda en los demás.

PALABRA PODEROSA

Hablar y convivir con piedras tiene riesgos fuertes, usted puede contagiarse con ese desánimo y podrá perder un tiempo precioso en la obra de Dios. Muchos le pedirán ayuda al ver su avance espiritual, no se la niegue, pero recuerde no contagiarse de la dureza y del "no puedo".

Evite a toda costa confiarse en usted mismo. Para este tipo de personas existe una sola solución: que usted lo lleve a los pies de Cristo. Utilice la fuerza que Dios le ha dado para cubrirse de las envidias, de los desalientos personales y levántese agarrando el propósito de llegar a la meta, de construir las murallas sin hacerle caso a los comentarios de la gente, y recuerde no se defienda, Dios defiende su causa.

No se asocie nunca con los que andan buscando dirección humana para iniciar un proyecto, ni tampoco con los que ponen defectos a la obra de Dios. Ocúpese en lo que Dios le ha encomendado y él se ocupará de usted

Relaciónese con aquellas personas que se identifiquen con la visión que Dios le ha entregado, estos le ayudarán a orar y le mostrarán otras puertas para avanzar.

No es de los fuertes la batalla, es de los que están en la guerra.

MAICOL SORIANO, EVANGELISTA DOMINICANO

PRINCIPIO N°
4

EL PROPÓSITO DE DIOS:
ACCIÓN, PASIÓN Y EMOCIÓN

Hay tres posibilidades en orden descendente de preferencia: una acción real, una pasión fanática o una emoción efímera. Tenemos que orientarnos hacia el primero, pero no podemos realmente renunciar al segundo hasta estar seguros que podamos evitar el tercero.

LLAMADO PODEROSO

Vivir en el propósito exige: tiempo, carácter, entrega, disciplina y santidad, además requiere esfuerzos y años de práctica. El llamado de Dios no se reflejará en forma espontánea, sino paulatinamente según vamos creciendo espiritualmente. El apóstol Pablo explica en 2da Timoteo 1:6: "Por lo cual te aconsejo que avives el fuego del don de Dios que está en ti por la imposición de mis manos. Porque no nos ha dado Dios espíritu de cobardía, sino de poder, de amor y de dominio propio. Esa es la clave fundamental para comprender que a través de la oración: la acción, pasión y emoción con sus variantes y adaptaciones pueden ser sometidas al orden de Cristo.

Una de las cosas que debemos comprender es que fuimos llamados con llamamiento Santo, no conforme a nuestras obras, sino según el propósito suyo y la gracia que nos fue dada en Cristo Jesús antes de los tiempos de los siglos. (2da Timoteo 1:9). Por consiguiente tenemos un propósito más allá de nuestras pasiones y emociones.

PASIÓN Y EMOCIÓN

Mi primera impresión de ser usado por Dios fue cuando recibí el don de sanidad y el poder de la alabanza. Sentir el dolor de una persona en mi cuerpo y expresar con seguridad que alguien está enfermo, fue como si en ese instante hubiera despertado de un profundo sueño. Esa experiencia me hizo amar y buscar desesperadamente la presencia de Dios, pero al mismo tiempo sentí algo muy parecido al miedo, le comente a mis amigos sobre ese poder misterioso que me gustaba, esto a su vez me provocó una fiebre de estudiar más sobre los dones espirituales.

Mis amigos y yo, no disimulábamos la impaciencia, sabíamos que de un día a otro estallaba la revuelta espiritual: hacíamos todo lo posible para estar siempre conectado a Dios: íbamos a las cruzadas evangelísticas, dormíamos en la iglesia, ayunábamos, evangelizábamos casa por casa, todo lo referente a la vida misionera de entonces. ¿Qué quieres ser en el mañana? nos preguntábamos.

Probablemente la prueba más difícil que podemos confontar es saber distinguir cual es el verdadero propósito para nuestras vidas, al momento de sentir un llamado de Dios

---

Rápidamente comencé a soñar despierto y me veía como predicador, cantante y pastor. No obstante me aferraba a la voluntad de Dios aunque también me llamaba la atención el ser cantante. Me impresionaban Stanislao Marino, Josué de Jesús, Persis Melo y Marcos Witt. Aunque tenía una gran fascinación por la predicación, pero debía aprender más de la Biblia y del dominio de ella. Era tanto el cruce de lo quería y sentía, que me llego la fascinante idea de dejar de estudiar y trabajar, aunque esos eran los pensamientos de la juventud de los años 90, dedicarse a al servicio completo a la obra de Dios.

QUIERO DEJAR DE ESTUDIAR

Comencé a formarme bíblicamente, compré diccionarios, libros, diferentes versiones de Biblias, además procure nutrirme asistiendo a seminarios bíblicos, congresos actividades de índoles educativas, olimpiadas bíblicas y paralelamente cursando la carrera de publicidad. Mientras eso sucedía me llegaban invitaciones, dentro y fuera de la ciudad para predicar la palabra, era la sensación del momento; predicador con dieciséis años, con un desarrollo del don de ciencia, sanidad, revelación y palabras proféticas, me estaba gustando lo que hacía a tal grado que en unos de mis viajes conocí un pastor llamado Ignacio E. Hernández, (unos de mis mejores mentores) ¡tremendo hombre de Dios!. Era un predicador a tiempo completo, predicaba muy bien y sabía escuchar adecuadamente. (Sin proponérselo influenció a toda una generación de jóvenes a ser predicadores). Su posición era envidiable, vivía muy bien, nunca le escuche pedir, prácticamente no le faltaba nada e inconscientemente muchos queríamos imitar esas acciones. Nunca me alentó para que deje los estudios, en cambio me decía: "Moreno vivir en el propósito exige tiempo, carácter, entrega, disciplina y santidad, así como también requiere esfuerzo y atención". No entendí nada de lo que me quería decir y seguí con mis pensamientos; soy joven, no tengo a quien mantener, puedo dejar de estudiar y sólo dedicarme a Dios, "Sí señor, quiero dedicarme a ti".

Estaba decidido a terminar mi cuarto semestre, olvidarme de estudiar para dedicar el resto de mis días predicando, hasta que le comenté a un pastor llamado Juan Ramírez Ariza:
- Pastor voy a dejar de estudiar pues siento dentro de mí un fuerte llamado al tiempo completo.
- ¿A tiempo completo dices?
- Sí
- Bueno hijo. Replicó el Pastor,
- Hay tantos predicadores que decidieron hacerlo de esa

manera y hoy en día se están muriendo de hambre. Sintieron ese amor por la obra, no se llevaron de consejos y ahora no los invitan siquiera a vender limones. No es que Dios a ellos no los use pero tiene un orden, te recomiendo que sigas estudiando y predicando, él te hablará directamente, no a través de alguien.

Esa pequeña conversación en vez de hacerme mal, me hizo bien, pues opté por ese sabio consejo; seguí estudiando, predicando, tomando cargos en la iglesia y sobretodo buscando siempre la dirección de Dios con más seriedad. Fue en ese momento pude entender lo que el Pastor Ignacio Hernández me había dicho, la Pasión está conectada con el propósito.

Para no ser un hombre de emoción y pasiones leí de qué manera Pablo inicia su ministerio. Él se hacía acompañar de seguidores, entre ellos estaban: Silas, Bernabé, Juan Marcos, Timoteo, entre otros. De éstos a Timoteo le escribe dos cartas, en estas Pablo quiere hacerle comprender el propósito de Dios en su vida. Pablo se encuentra con Timoteo por primera vez en Listra su ciudad natal, Era tímido y retraído, su salud no estaba tan fuerte. Pero, por el buen testimonio que daban de Timoteo, Pablo decide invitarlo a sus viajes pues había recibido profecías acerca de él, además de tener el entendimiento que Timoteo había sido escogido por Dios para ser un líder de la iglesia. Vemos como Pablo le exhorta en 1ª Timoteo 4:14: "No descuides el don que hay en ti, que te fue dado mediante profecía con la imposición del presbiterio".

El Salmos 138.8 dice: Jehová cumplirá su propósito en mí. Tu misericordia, Jehová, es para siempre; ¡no desampares la obra de tus manos! También 2da Timoteo 2:9 "Él nos salvó y llamó con llamamiento santo, no conforme a nuestras obras, sino según el propósito suyo y la gracia que nos fue dada en Cristo Jesús antes de los tiempos de los siglos"

LAS EXIGENCIAS DEL PROPÓSITO

Regularmente las personas que son exigentes hasta consigo mismo, no se dan por vencidos fácilmente, así mismo es el propósito de Dios, exige intimidad y entrega para hacer que usted renuncie a muchas cosas, va a pagar el precio que nadie quiere pagar, tendrá que andar donde nadie quiere ir, se va a abstener para aislarse, para quedarse a solas con Dios de rodillas, para después ser una persona que siempre está de pie frente a las dificultades de este mundo y de las asechanzas del diablo.

Quienes se enfocan en hacer la voluntad de Dios, están intrínsecamente expuestos a un cambio radical.

Pablo dice a los Filipenses "Ciertamente, aun estimo todas las cosas como pérdida por la excelencia del conocimiento de Cristo Jesús, mi Señor, por amor del cual lo he perdido todo, y lo tengo por basura. Para ganar usted tiene que tener por perdida todas las cosas, tener hambre y sed de Dios, pasar tiempo de madrugada orando, guardándose de cualquier pecado, despojándose del viejo hombre y principalmente teniendo una vida devocional a Dios, viviendo solamente para Él.

Es fácil reconocer a quienes no les gusta comprometerse con las cosas de Dios, ellos mismos se delatan por la manera en que hacen alarde de querer ser simples miembros de la iglesia, o la falta de anhelar los dones espirituales y de los distintos ministerios que refleja la biblia. No obstante intrínsecamente todos tenemos ansias de que Dios nos use y que casi todas nuestras acciones tienen como propósito ese fin. Otros se hacen los desentendidos y al ver las manifestaciones de Dios anhelan una palabra profética, si se les observa con detenimiento, se comprobará que dentro de ellos existe ese deseo de recibir de Dios lo que no merecen.

Por otro lado los que se enfocan en el propósito de Dios, son personas victoriosas, con energía, con conciencia de la fuerza de voluntad y propósito que los convierten en personas distintas de las demás. Si desde temprano se apoya en lo que Dios quiere y no en lo que usted quiere, sobrevivirá a las fuerzas del mal, porque sabrá manejar las situaciones adversas.

También se reflejará de como el Espíritu Santo estará con usted poniéndolo al tanto de todos los acontecimientos recientes y los que han de venir.

DIOS DE PROPÓSITOS

La mente humana no puede entender al 100% sin una búsqueda constante en Dios cual es el propósito para su vida, otros ni lo asimilan. Sólo los que logran este avance suelen ser diferentes, son vistos con cierto grado de menosprecio por adquirir tal virtud, como si se tratase de una característica moral o de superación, pero esta virtud se refiere a la obediencia y la paz para los que esperan en Cristo. No obstante quienes en verdad carecen de propósitos se muestran peligrosos y no entienden la manera que Dios le usa.

Hoy en día encontramos personas que tienen promesas y profecías, pero no hacen nada el respecto para ver el cumplimiento en sus vidas.

Todos quieren poder pero no se quiere pagar el precio, este precio es la obediencia, el amor, el gozo, la paz, la paciencia, la benignidad, la bondad, la fe, la mansedumbre y la templanza. En este andar diario las luchas se intensifican, el diablo se manifestará de cualquier manera para corromper el propósito. Cualquier persona, llámese; pastor, evangelista, maestro, profeta, apóstol, etc. está en la mira del devorador.

Los que se creen que ya lo alcanzaron todo a nivel ministerial, no se dan cuenta que esa posición es la que el enemigo siembra en los corazones, provocando con esto la limitación de buscar más allá del propósito. Estos se creen que son los hijos favoritos de Dios, no aceptan consejos ni que nadie les enseñe. Las personas que suelen juntarse con este tipo de individuos deben protegerse para que el orgullo no entre al corazón. Deberán aprender que no siempre las cosas saldrán como se planea y en que muchas ocasiones su proceso no vino de Dios, sino que su propio intelecto le hizo creer que vino de Él.

Dios no tiene hijos favoritos, él tiene hijos que lo ven a él como favorito.

IGNACIO HERNÁNDEZ, PASTOR DOMINICANO

Si le fue entregado un proyecto no lo corrompa con adornos superficiales, cúmplalos al pie de la letra. Sea cauteloso al recibir consejos de los que quieran llevarle por atajos para que lo haga de una manera rápida, tratando de acelerar el cumplimiento de su propósito. No dude de su llamado, quien le llamo responderá por usted, no se atreva a mirar para los lados, ni tampoco se detenga a escuchar a los que han fracasado, enfóquese en su propósito y sea el dueño absoluto de su propósito.

Una vida sin un propósito definido, le mantendrá en un estado depresivo.

MANTENERSE EN EL PROPÓSITO

Usted necesita mantenerse flexible y adaptable, a los nuevos retos que le serán requeridos, tendrá que ser capaz de moverse en todos los ámbitos diversos y mezclarse con todo tipo de creyentes, sin perder su postura. Al mantenerse siempre en el propósito, usted podrá comparar el propósito de cada quien, sin tener que envidiar ni cuestionar el de sus semejantes. Ninguna persona podrá decirle orgulloso ni presumido por las grandes bendiciones que estará recibiendo, pues quien busca el reino, las añadiduras le persiguen.

Además, tendrá que estar interiormente libre de ataduras emocionales y ver a quienes lo rodean como escalones en su ascenso a la cima del propósito que debe cumplir. Usted no puede permitirse el lujo de convertirse en fanático de ninguna causa.

PARA NO OLVIDAR

"Muchos pensamientos en el corazón del hombre, pero es el propósito del Señor que prevalece"

PROVERBIOS 19:21

El Señor y sus propósitos son perfectos, pero nosotros no. Tenemos dudas que nos impiden vivir en la planitud para ver lo que en realidad Jesucristo nos esta mostrando. Él ha establecido para nuestras vidas una bendición poderosa.

PRINCIPIO N°
5

VENZA AL GIGANTE

Un gigante representa dificultades vividas, las que está viviendo y las que faltan por vivir, él le recordará lo miserable y lo vil que usted era antes de tener a Jesucristo. Usará la debilidad que había vencido para atacarle.

¿QUIÉN ES TÚ GIGANTE?

Muchos buscan un gigante externo, sin embargo este gigante por lo general es uno mismo. Cuando se comienza a superar el gigante interno, usted encontrará personas que tienen tiempo en el evangelio y siempre demuestran la derrota, no son capaces de levantarse, tienen armaduras tradicionales, con esquemas mentales tan arraigados al pasado que ni siquiera hacen el esfuerzo para reprender y solo están acostumbrados a los maltratos.

La vida cristiana es similar al episodio de David y Goliat, existe un enemigo que, disfrazado de gigante, intentará por todos los medios apoderarse de su vida cristiana, querrá destruir su familia, su mente, su cuerpo, inyectará desánimo y hará hasta lo imposible de producirle amnesia para que usted olvide todas la que Dios le ha entregado.

UN GIGANTE DENTRO DE MÍ

Habían pasado aproximadamente cinco años desde mi encuentro con Jesucristo cuando ya estando en la carrera de publicidad entré a tomar la materia de dibujo, *(Unos de los requisitos para aprobar la materia es el tener que dibujar y pintar mujeres desnudas).* Al principio me aterrorizaba el hecho de que mis padres se enteraran de esa acción, y más mi papa un hombre lleno de pasiones más que de pensamientos, recto con las cosas de Dios, de palabras imponentes y dominantes, hubiera parecido un dictador a no ser por el evangelio. Sabía que ellos me pedirían que dejara esa carrera, por lo que me obligaba a dibujar a escondida. Mis amigos que sabían de mi vida cristiana, algunos me criticaban y otros me alentaban diciéndome que lo vea como un desnudo profesional.

Mientras pasaban los días, más inmerso estaba dentro de mis dibujos, mi deseo de aprobar la materia con excelentes calificaciones fue una obsesión, hasta llegar al punto de no sentir vergüenza ni remordimientos. Sin darme cuenta mi mente estaba cautiva a esos dibujos, quería desnudar no sólo sus cuerpos sino también sus almas. Al mismo tiempo que iba perdiendo parte de mí relación con Dios. Me estaba volviendo adicto a esos dibujos y a la pornografía; tenía en mi habitación una caja invadida de dibujos, fotos y revistas. Esta situación provocó que las predicas se tornaran vacías y sentía que la unción se estaba acabando.

Estaba lidiando con dos vidas paralelas; una la de dibujante con la necesidad de plasmar en mis hojas la belleza femenina y por otra parte la vida de un predicador. En ese tiempo no tenía novia, lo que hizo que mi patrón de como quería que fuera la mujer que me acompañara para el resto de mis días había cambiado, dando lugar en mi corazón a anhelar ese tipo de mujeres así como las que yo dibujaba.

Una noche fría del mes de noviembre me encontraba en casa dibujando mi examen final, al concluirlo una sensación latente dentro de mí me empujó a buscar el rostro de Dios, en ese momento no encontraba la manera de hacerlo. No tenía sueño a pesar de ser más de las doce la medianoche, me puse de pie, subí al techo de la casa a pedir que mi santidad fuera restaurada.

Estaba compungido, trataba de acercarme a Dios, de restaurar la intimidad perdida, pero me sentía muy vacío, buscaba en la Biblia lo que me saliera, me aparecían genealogías, nombres raros y textos que nada tenía que ver lo que me estaba sucediendo, fue entonces cuando llamó mi atención un texto en Ezequiel 37:3 que dice: hijo de hombre, ¿vivirán estos huesos?. Entendí que me había vuelto huesos secos, sentí que mi cabeza se rompía, las lágrimas comenzaron a brotarme, me costaba articular palabra, si recuerdo como hoy que del fondo de mi ser las únicas palabras que salían a la superficie eran "gracias, muchas gracias Jesucristo".

CARACTERÍSTICAS DEL GIGANTE

Desde lejos muchos de los gigantes pueden ser identificados, en algunos casos ellos le ofrecerán su amistad para engañarle, haciéndole dudar de su convicción cristiana y hasta del llamado de Dios para usted. Recuerde; ellos representan un problema, una dificultad tan grande que parecerá insuperable. Otros traen desafíos con características intimidantes: turbación, confusión, alteración, desorden y pánico.

Los gigantes llegan dando manifestación de poder, de señorío. Vienen a usted de cualquier manera y querrán destruir las áreas que Dios ha fortalecido, además estos le harán creer que es débil mientras ellos aparentan ser cada vez más fuertes. Le harán sentir sus más profundos y marcados defectos.

PARA VENCER EL GIGANTE

En la Biblia tenemos el caso del rey Saúl, entregó su propia armadura a David para este pelear contra Goliat, David se la prueba pero no le entallaba, no podía siquiera caminar con ella, por eso él decidió usar las armas con las cuales defendía las ovejas, la onda, las piedras y el callado, por tanto en esta lección se nos enseña a usar nuestras propias armaduras, esas mismas que Dios le ha entregado; si sabe orar ore, si sabe ayunar ayune. Pero hágalo en la medida de la fe, no de la fe de otros.

El trato de Dios es individual. Él ha tomado tiempo suficiente para hacerle un plan y una armadura a su medida.

¿Sabía David algo de guerra, batallas y tácticas militares? No! Él no estaba inscrito a ningún ejército, sino que, su tarea era cuidar el rebaño de su padre; como tal conocía todos los ruidos del bosque, sabía cómo atacar animales salvajes y defender las ovejas. Sin embargo, nunca había oído un hombre desafiar a un pueblo y el pueblo quedarse callado, por lo que esa voz de Goliat era como algo que le retorcía el corazón. Imagine esa voz como un estruendo profundo y amenazante, como si echara humo con cada palabra. Sus ojos posados en David y en sus movimientos.

La gente verá en usted lo pequeño que es, querrán minimizar el ministerio que se ha depositado en usted, pero en silencio seguirá creciendo. Mientras se crece en Jesucristo, más gigantes querrán levantarse. David no toleró la burla, ni tampoco desmayó en su corazón, ni se quedó callado a la provocación del gigante, fue a pelear viendo de manera anticipada la victoria que sabía que le otorgaría ese Dios de los Ejércitos, que es el mismo a quien usted dice servir.

David solo obtuvo de Goliat expresiones de desprecio para, pero aun así, les dio una respuesta, convirtiéndose así en una sentencia de muerte "Tu vienes a mí con espada y jabalina más yo vengo a ti en el nombre de Jehová. Hoy te entregarán en mi mano y te venceré".

El gigante es el reflejo de lo que renunció en la vida pasada y la concupiscencia de lo que la carne quiere.

¿QUIÉN ESTÁ CON USTED?

Paradójicamente el gigante produce progreso espiritual, provoca intimidad y oración. De usted depende librarse o no del gigante. Si pide ayuda, eso es lo que recibirá. Pida con fuerzas, y emitirá claras señales de que es digno de ser librado. Debe saber que en este momento mientras usted lee que lo importa no es donde está el gigante si no que Cristo este con usted.

Esos dibujos que hice para dicha materia me metieron en problemas, lo que parecía una clase de cuatrimestre se estaba convirtiendo en costumbre. La oración de ese día despertó en mí la necesidad de intimar con Dios, de acusar a ese gigante frente uno más fuerte, más poderoso, más grande, más temible y ese gigante se llama Jesucristo.

La sociedad está llena de gente que se han dejado vencer por gigantes y enanos, por no abrir con sinceridad el corazón. Busque el blanco más letal del y dispare contra él su munición más poderosa.

"Pero estoy de pie por difícil que fuera el camino es más grande en Dios mi destino"

MARCOS YAROIDE – ADORADOR DOMINICANO

Descendí del techo dos horas más tarde, con mi mente fuerte y renovada, sentía que yo era una hoja en blanco y que Jesucristo estaba dibujando sobre mí su plan, su proyecto y su propósito. Tomé los dibujos, revistas, láminas y todo lo que representaba un gigante y los quemé.

Para avanzar es necesario que rompa cualquier tipo de amistad con los gigantes, recuerde que él representa un nuevo nivel espiritual a quien enfrentar.

PALABRA DE FE

Debe de ser honesto consigo mismo y aprender cada punto en lo que ha sido débil. Además es de suma importancia conocer todo que le sea posible sobre su rival, deberá ser cauteloso y estar preparado para el día que el gigante vuelva a aparecer.

Recuerde; El vendrá en cualquier momento para aplastarle y hacerle sentir culpable. Por más contradictorio que parezca el saldrá de la nada sin usted estarlo buscando o llamando.

"Esquiva el golpe, el enemigo quiere golpearte y si alguna vez te hieren y siente que vas a caer Jesucristo te dirá; ¡de pie hijo mío, no escuché la campana!"

ADAPTACIÓN: PALABRAS DE MICKEY GOLDMILL
- ENTRENADOR DE ROCKY, PELÍCULA ROCKY V

PRINCIPIO N°
6

PROCLAME EL AÑO
AGRADABLE DEL SEÑOR

Ha sido llamado a gozar de una vida de alta calidad en Jesucristo y no a vivir atado a este ámbito natural. No se enrede a los afanes de este mundo, ni permita que éstos les arrastren hacia la derrota. No deje que eso le suceda. Si no tiene tiempo para Dios, será mejor que lo encuentre.

¿Y AHORA QUÉ?

Cada mes de enero en la mayoría de iglesias en diferentes partes del mundo y en diferentes idiomas repiten el mismo mensaje: "este es el año", "lo que no pudiste recibir el año pasado lo recibirás en este", " Declara" , "Arrebata" , "Dios preparó este año para ti", "Dios te da la pareja", "Este año será mejor que nunca". Son tantos los temas, frases y declaraciones que llenan nuestras almas de esperanza. Pero verdaderamente, ¿Está usted preparado para recibir lo que anhela?, ¿Qué ha hecho para ser tomado en cuenta?, ¿Ha trabajado conforme al corazón de Dios? A sinceridad ¿usted quiere proclamar, arrebatar y declarar sobre su vida lo que no ha orado?

En mi caso al experimentar el fuego de Dios comencé a declarar y a pedir, donde quiera que había una cajita de peticiones ahí estaban las mías. Entré al círculo de los llamados proclamadores; cada año escribía "este es el año" pero nunca me senté a pedir verdaderamente lo que deseaba, sólo era por momentos. Perdí muchos años sin recibir nada, hasta que en una vigilia escuche esa voz dulce "enfócate en una sola cosa".

ENFÓQUESE

Afortunadamente no todos tenemos el mismo llamado, puede ser parecido, Dios es diverso y ama la diversidad, de lo contrario no hubiera tantas clases de plantas y animales e incluso de gente, ¡pero no es igual!, tenemos dentro la soberanía de elegir. Proclamar es algo serio, no obstante hay personas que tienen años en el evangelio y todavía no saben qué pedir, ni saben cuál es su llamado, quieren una cosa hoy y todo lo contrario mañana. Muchas veces Dios no le otorga eso que usted anhela no porque deje de orar, sino porque no se ha enfocado verdaderamente en lo que quiere.

El Profeta Isaías dice: El Espíritu de Jehová el Señor está sobre mí, porque me ungió Jehová; me ha enviado a predicar buenas nuevas a los abatidos, a vendar a los quebrantados de corazón, a publicar libertad a los cautivos, y a los presos apertura de la cárcel; a proclamar el año de la buena voluntad de Jehová…" (Isaías 61: 1, 2). El profetizó acerca del Mesías, siendo confirmando por Jesús en la sinagoga de Nazaret, ésta confirmación latente se hizo evidente en el trascurso de la vida de Jesucristo luego de ser bautizado por Juan el Bautista.

Al tomar esta referencia usted debe saber que dentro de los propósitos de Jesucristo es la gran comisión, "Id por todo el mundo y predicar el evangelio", ahora bien si está llamando a proclamar no puede andar enlutado, una alma afligida no será capaz de proclamar un año agradable, hemos citado en otros lugares que el anunciar el tiempo agradable es hacer de Filipenses 4:13 "Todo lo puedo en Cristo" una frase creíble, poderosa, llena de unción y sobre todo una especie de puerta para comprender para lo que Dios le ha encomendado.

Recuerde: No es sólo proclamar para que el Señor abra puertas, es el tiempo de ver lo que realmente usted quiere que Dios haga en su vida. Si el Espíritu de Jehová viniera sobre usted es porque él quiere manifestar su misericordia. Vendrán grandes dificultades que son parte del proceso, un proceso que no podrá impedir. Dedíquese a elaborar cómo será su año favorable, vendrán desiertos, momentos difíciles donde creerá que no encontrará la salida.

Proclamar es creer prácticamente con fe
que el amanecer llegará.

ANUNCIAR CON FUERZAS

Dios no hace nada sin un definido propósito, él no hace nada por apariencia, por complacencia, por vanidad, por caprichos, ni tampoco se sujeta a la voluntad humana. Él le elige para anunciar las buenas nuevas, que en hebreo es (básar), y que serían "buenas, alegres, gozosas noticias". Aunque su condición humana esté decaída, debe comprender que la gente verá en usted la imagen de Dios manifestada en todas sus acciones, cuando proclame el año agradable estará viendo un tiempo lleno de la presencia de Dios. Así recibirá poder, para que el propósito se cumpla. Para poder proclamar tendrá saber centrarse en vivir una vida de ayuno, oración y dedicación.

USTED PUEDE

Nunca permita que su carrera profesional, su familia o cualquier cosa le impidan su comunión con el Señor. Tenga en cuenta que mientras más proclame estará destinado a crecer. Las personas que proclaman el año del Señor tienden a ser prosperados en todos los aspectos.

Usted no debe arrastrarse por la vida cometiendo infinitos errores y desperdiciando su tiempo y su energía en el intento de hacer cosas a partir de las bendiciones que Dios le da a otras personas ni de su propia experiencia., es el tiempo de permitir que sea Dios que obre en toda su vida. Yo creo firmemente que después de usted haber leído este capítulo, sabrá proclamar y pedir, no obstante crea que este será un año de bendición para usted.

Usted necesita comenzar sus mañanas con una oración donde proclame cada día tiempos agradables para que Dios revele sus propósitos.

Prepárese a recibir lo que pide, lo mejor esta por venir.

PRINCIPIO N°
7

CONOZCA SUS VESTIDURAS,
NO SE DEFIENDA.

Una persona bien vestida puede entrar a cualquier palacio, pero una persona mal vestida es rechazada. Una vez que usted conoce sus vestiduras se dará cuenta puertas se le abrirán y podrá llevar palabras de Dios en cualquier lugar, pero tiene que creer la magnitud de quien le vistió. Convierta la vestidura de Dios en un honor que ha sido delegado en usted para establecer el reino.

MIS VESTIDURAS

Mientras más predicaba la timidez se despedía de mí, comencé a involucrarme en actividades cristianas y no cristianas, estudiaba locución y maestría de ceremonia, la gente sabía que era predicador, pero no se puede ignorar cómo estas situaciones pueden encasillarme y definir qué tipo de persona era.

Una persona que ha alcanzado un liderazgo, un grado ministerial o simplemente es alguien que es tomado en cuenta para tomar decisiones en todos los ámbitos eclesiásticos pasa del anonimato al reconocimiento. Será admirado por sus acciones, éstas provocaran una ola de comentarios a favor y en contra.

Las personas que cometen el error de no reconocer sus debilidades suelen creerse los ungidos y que están ya sentado al lado del trono de Dios, entonces comienzan a justificar sus erróneas maneras de comportarse y por desesperación luchan contra la gente.

Cuando usted es admirado eso debe de cuidarse no por sus méritos, sino por la responsabilidad que se le ha otorgado, cuando la gracia de Dios se va, no es por medio de argumentos que se recupera sino con la sumisión al reino. Por otra parte cuando se tiene esa gracia, a muchos molestará la manera en que Dios le use. Es usted quien decide si va a permitir que algo le preocupe, le atormente o le aflija. Elija no prestar atención a quien lo hiere o lo hace sentir mal.

Ninguna arma forjada contra ti prosperará, y condenarás toda lengua que se levante contra ti en juicio. Esta es la herencia de los siervos de Jehová, y su salvación de mí vendrá, dijo Jehová

PROFETA ISAÍAS 54:17

Su vestidura espiritual y su estilo tienen una gran influencia mucho mayor de lo que puede parecer a simple vista. Su círculo de acción reaccionará basándose al menos en un primer momento en la imagen que usted proyecta, esa imagen incluye todo su comportamiento. Las personas que cuidan su imagen a su vez cuidan la iglesia, estas personas que siempre están en la mente de otros y son dignos de imitar. Por supuesto, esto se basa en la premisa de que la imagen dice quiénes somos. Una mala imagen del comportamiento cristiano aleja a otros a acercase a los pies de Cristo y será un impedimento para lograr alguno de nuestros objetivos.

Se debe cuidar la imagen como portadores del evangelio y no hablamos de vestimenta de ropas casuales o formales, sino en los detalles como personas que nos hacen acercarnos o alejarnos. Una vestimenta espiritual adecuada generará respeto y hará que las personas le vean con seguridad y no por elementos superficiales. Su forma de actuar determinará cómo lo tratarán los demás.

LLAMADO A MARCAR LA DIFERENCIA

Desde el principio Dios ha querido darnos un lugar en su corazón y en su reino, tanto que nos hizo a su imagen y semejanza (Génesis 1: 26 y 27) El Apóstol Pedro indica: "Vosotros sois linaje escogido, real sacerdocio, nación santa, pueblo adquirido por Dios. Esto indica la investidura que Dios le ha otorgado y si tiene ese llamado él le respalda en todos los aspectos.

Usted no fue llamado por el rey a comer migajas, a usted lo están sentando en la mesa con él y han reconocido quien es usted. No se queje por los malos momentos, alégrese pues mientras más es menospreciado, más será apreciado. Desarrolle el sentir de ser diferente, usted fue llamado a marcar la diferencia, no a pelear con sus hermanos. Si quieren hablar de usted, que hablen, El silencio molestará al diablo y a los que se han dejado usar por él.

Sus vestiduras dañadas por el diablo, serán trasformadas por el poder renovador de Jesucristo

---

Para entender la vestidura que se le ha otorgado, deberá reconocer que no fueron los hombres quienes lo vistieron y le dieron el poder, el poder viene de Dios, y para ser grande en Dios, es reconocer que sin él estamos perdidos irremisiblemente perdidos.

Israel amaba a José más que a todos sus demás hijos, pues era para él el hijo de la ancianidad. Le había hecho una túnica de diferentes colores, ésta fue su primera vestidura en su proceso, representado al niño mimado, al diferente, al protegido. Al ser vendido por sus hermanos y le fue quitada su túnica. Segundo, al ser comprando por Potifar se le impone la vestidura de esclavo, haciendo para otros lo que no hacía en su casa o lo que no estaba acostumbrado. Tercero de la casa de Potifar a la cárcel, siendo José inocente le fue cambiada sus vestidura de mayordomo a la de un preso, para luego ser llevado a la corte del Faraón como un Gobernador vistiendo lino finísimo.

NO LO OLVIDE

Oísteis que fue dicho: Ojo por ojo, y diente por diente. Pero yo os digo: No resistáis al que es malo; antes, a cualquiera que te hiera en la mejilla derecha, vuélvele también la otra; y al que quiera ponerte a pleito y quitarte la túnica, déjale también la capa; y a cualquiera que te obligue a llevar carga por una milla, ve con él dos.

JESUCRISTO EN MATEO, 5:38-4

VIVENCIAS

Las situaciones difíciles vividas tratarán de detener el propósito de Dios, el mal que le han provocado despertará al viejo hombre, pero usted fue llamado a ser diferente. Los que le quitaron sus vestiduras, serán testigos de sus cambios espirítales y económicos.

Recuerde; la gente querrá dejarlo desnudo para ponerse sus vestiduras aunque no le entallen o más bien las querrán simplemente para que usted quede desprotegido, con frio o en total vergüenza con todos.

Muchos querrán rasgar sus vestiduras por razones que solo ellos saben. Confíe, Dios no le dejará sin protección.

YAEL VALENZUELA, PASTOR DOMINICANO

PRINCIPIO N°
8

ALCANCE SU DESTINO PROFÉTICO

Dios usa las circunstancias para bendecirle y llevarle a su destino profético, Él lo posicionará justo cuanto menos lo espere, para así realizar grandes proezas en su nombre.

EL DESTINO QUE DESEO Y EL QUE DIOS QUIERE.

Después de una semana de predicación en Europa, preparé mi viaje de regreso a República Dominicana, ese vuelo saldría desde Barcelona, con escala en Madrid. En el aeropuerto de Barajas – Madrid me esperó mi vieja amiga Deiby Romero. Ella una joven temerosa que sabía tratar, diferenciar los cargos y los llamados de cada quien, fue la primera persona que me llamó "profeta". Aquella palabra sin darme cuenta expresaba en todo su alcance el estado en que Dios me estaba llevando. No puedo negar que esa palabra la sentí pesada aunque me agradó mucho, ser reconocido como profeta, se siente un escalofrío.

–Israel, mi nombre es Israel, no me llames profeta,

– ¿Por qué? preguntó. Mientras ella seguía hablando entre risas sin ponerme caso a mi falsa negación. Siguió contándome como Dios la había bendecido en ese país, sin dejarme de llamar profeta.

Al llegar a mi país, mis amigos me esperaban en el aeropuerto, no cesaban las preguntas de cómo fue mi estadía en Europa. Les comentaba en todo el trayecto del aeropuerto a la casa la forma extraordinaria de como Dios se manifestó en cada lugar que me toco visitar. Además les decía de como ese viaje

cambió mi percepción del ministerio, las personas en ese lugar me llamaban Pastor y no el evangelista internacional o el profeta como yo lo deseaba, recuerdo las presentaciones;
—Queridos hermanos con ustedes el pastor Valenzuela,
— ¿Pastor yo? ¡Jamás!!!. Soy un hombre soltero y los hombres solteros no deben ser pastores.

UN GIRO INESPERADO

Pasados los meses de mi regreso entré a mi habitación, me arrodille y lleno de fervor le pedí a Dios que me siguiera acrecentando espiritualmente.

Mientras oraba, recibí una llamada de un viejo amigo pidiéndome que conozca una de sus amigas, pues él estaba preocupado por mi soltería. Nos presentaron y cual amor sin dirección de Dios, iniciamos el proceso de conocernos. Ella era una chica amigable, impetuosa, imponente y sobre todo cristiana. Yo me sentía colmado de entusiasmos, me enamore de su forma elegante y simpática, de las cosas maravillosas de que ella se contaban, me hacía recorrer dos veces a la semana un trayecto de más de trescientos cincuenta kilómetros entre ida y vuelta para verla y hablarle. Esto se hizo una costumbre, una necesidad y lógicamente al pasar los meses me sentía enamorado y con la determinacion de casarme.

Paralelo a esta situación mi vida espiritual no estaba como yo deseaba y sin explicación ni detalles, aquella joven decidió terminar la relación. Sentí que el mundo ya no tenía sentido, estaba delirante, no podía creer que por primera vez mi corazón sentía amor.

Como la ruptura me llegó sin previo aviso entonces comenzaron las voces de los demonios en mi habitación, haciéndose cada vez más fuertes y ruidosas con un tono de burla diciéndome: "ese es tu Dios que no puede darte la mujer que amas". A poco tiempo sentí que ellos salieron despavoridos, pues una voz hermosa, dulce, agradable y cargada de paz colmó la habitación diciendo: "hijo descansa en mí, lo que has vivido, lo que ha sucedido está dentro de mis propósitos".

Desde el instante que ella decidió terminar la relación de noviazgo, las invitaciones a predicar en su ciudad crecieron, hasta que una pareja de novios me pidió si podría visitarlos todas las semanas para comenzar un grupo de estudios. Mi respuesta fue afirmativa. Seguí viajando a esa ciudad no por amor, sino por la nueva encomienda. Levantar una iglesia

EL SENTIR DE DIOS

El sentir de Dios es constante: "...Porque yo Jehová, no cambio" (Malaquías 3:6). Lo que Dios quiere de nosotros no ha cambiado desde el principio. La promesa de Dios es habitar y andar entre nosotros, hasta adoptarnos como sus hijos e hijas. Él quiere que creamos en sus promesas y que le busquemos diligentemente. El sentir de Dios se nos meterá por la venas, por la espina dorsal y nos hará desear cada instante su presencia, su amor y sus hermosas palabras.

Muchos de los grandes predicadores, pastores y evangelistas alcanzaron el éxito ministerial por visualizar cómo se veían en los años futuros. Cuando usted recibe una palabra de lo que Dios quiere hacer es un buen inicio de cómo visualizar su futuro.

CREERLE EN DIOS

Toda persona que recibe a Cristo, tiene un destino profético que Dios va dando a través de la Biblia, de las oraciones o de personas. El apóstol Pedro en el libro de los Hechos 2:14 habla con mucha propiedad, recalcando el destino profético del que busca a Dios de corazón, "ver, soñar, hablar, profetizar". La gente rara vez actúa si no tiene confirmación para lo básico. Si usted no cree la manera de su llamado y si todavía se pregunta que no sabe cuál es su llamado, usted no tiene destino profético. Se hace evidente que su relación con Dios es débil y obviamente necesita uno porque todos tenemos un destino profético y mientras lee este libro esperamos en Dios que usted acelere en busca del suyo.

LOS OBSTÁCULOS

Muchas veces creemos que quien impide el destino profético es el diablo, sin embargo no podemos negar que él tiene participación, pero no en ciento por ciento, el primer obstáculo es usted, su pesadez, la vagancia y la falta de un norte en Dios le detiene. Si su desanimo es muy profundo el enemigo aprovechará esa situación para hacerle sentir vil y miserable y le recordará su pasado de fracaso.

El destino poderoso de su vida dependerá única y exclusivamente de su entrega al Señor.

ALCANZAR EL DESTINO

No sea uno de los tantos que dicen no sé cuál es mi llamado, ni sé que "don" pedir. Creen que Dios le dará cosas sin pedirlas, sin anhelarla o desearlas, aunque hay casos excepcionales que él le dará sin pedirla. En mi caso yo nunca pedí ser pastor al iniciar los grupos de estudios con aquella pareja de novios, Dios nos ayudó a crecer y en pocos meses éramos cuarenta personas.

Ahí comenzaron a decirme pastor formalmente lo que me hacía sentir muy feliz. Dios había cambiado mi lamento en gozo, borró esos sentimientos amargos del pasado. Entonces cierto día le pregunte:
– ¿Dios qué quisiste enseñarme con este noviazgo fugaz?

– Hijo ¿crees que si no te hubieses enamorado tendrías la iniciativa de recorrer más de trescientos cincuenta kilómetros sólo para abrir casa para mí?,

– ¡No!

–Tuve que usar las circunstancias para que alcances tu destino profético.

Fue cuando comprendí que ese noviazgo efímero no fue casualidad, sino un destino con propósito. Pablo escribe en su carta dirigida a los Romanos: " Y sabemos que para los que aman a Dios, todas las cosas le ayudan a bien, esto es, a los que conforme a su propósito son llamados".

Cuando usted posee su destino profético y lo ha creído se hará ciego de las veredas y seguirá al punto encomendado. Verá a muchos en el camino que se cansaron y no creyeron en su destino. Los perdedor no avanzan y usted nació ganando, los dones le perseguirán, las bendiciones también. Su destino profético tiene fecha de inicio y fue el día que usted aceptó a Cristo, en ese mismo momento comenzó su carrera.

Hoy en día encontramos personas que están pendiente a una palabra esperanzadora que busca que le confirmen a cada momento. Si no se tiene el anhelo de alcanzar lo que se ha propuesto no comprenderá cuál es su verdadero llamado.

Satanás usará todas las circunstancias para que se desenfoque de su destino profético

El Apóstol Pablo afirma en Hebreos 12 teniendo en derredor nuestro tan grande nube de testigos, despojémonos de todo peso y del pecado que nos asedia, y corramos con paciencia la carrera que tenemos por delante". Si no corre no podrá alcanzar lo que le han ofrecido, será como esas personas que renuncian a sus libertades, se sentirá aplastado por otros que sin los recursos que usted tiene, se han puesto en pie de guerra.

En la actualidad usted encontrará personas sin destino, que querran deternerle y es justo el momento propicio de avanzar sin retroceder, no importa lo fuerte que las personas digan o griten que no llegará, hay que soportar sin dejar de avanzar.

PRINCIPIO N°
9

BUSQUE DE CUALQUIER MANERA
SACRIFICAR LO QUE AMA

Comprenda que para alcanzar el reino de los cielos, tiene que negarse así mismo, tomar la cruz y seguir a Jesucristo. Nunca le dé a Dios lo que no amas, lo que no necesite. Entréguele siempre lo que está a su alcance, lo que le produzca esfuerzo y él le devolverá el doble de lo que ha entregado. Mientras más le dé a Dios más recibirá de él.

¿A QUIÉN AMA? I

En el verano del año dos mil cinco una compañera de trabajo me comentó:

— Israel ¿por qué no haces una noche de humor para cristianos?, tienes talento y de seguro te irá bien.
La idea me pareció excelente, hacer lo que amo lo que me gusta y me divierte.
– Pues…, de ser así cuento con su apoyo ¿verdad?.
– ¡Sí! Respondió de manera entusiasta.

Contacté a unos de mis hermanos para plantearle la idea de hacer la primera noche de humor cristiano realizada en el país, le expuse el guión y el formato de cómo podríamos convertir nuestras anécdotas cristianas en humor. Es como si relatáramos las dificultades del cristiano, de los momentos amargos y la vida de los hijos de los pastores de una manera jocosa y divertida.

– Me parece una excelente idea, replicó mi hermano.
– Manos a la obra le dije.

Preparamos el evento con una militar rigurosidad cuidando cada detalle, sobre todo el de no ofender a Dios, ademas de que nuestro objetivo era conectar los presentes a que se sientan identificados con nuestras anécdotas.

Ese evento marcó nuestras vidas al crear la primera noche de humor cristiano en República Dominicana, única en su género, con una asistencia de más de 350 personas. Ese evento nos llevó a la palestra pública, donde además del éxito alcanzado las críticas llovieron, pero nosotros no le prestábamos mucha atención. Recibíamos invitaciones; la radio, la televisión, las iglesias y los campamentos. Era un momento histórico, estábamos en la cúspide de la fama evangélica, la gente nos solicitaban. Para muchos estábamos pecando y para otros gozando.

Paralelamente a hacer reír, mi agenda de predicación estaba muy solicitada dentro y fuera del país. Me gustaba estar de avión en avión, de ciudad en ciudad. Así como también en las noches de humor.

Amaba hacer reír a la gente hasta el punto de verlos aplaudir, golpear cosas y pegarle a la gente. Dios me estaba dando éxito en ambas acciones; en el humor y en el ministerio, luego de cinco años consecutivos con el grupo de humor, el pastorado, el ministerio profético, los cargos ejecutivos y ser el director de misiones del concilio al cual repesentaba, hicieron hacer la elección más fuerte de mi vida, sacrificar unas de las dos cosas que amaba, pero no sabía cuál de las dos actividades elegir. En las dos estaba siendo respaldado, pero no podía ejercer ambas al mismo tiempo, tenia que realizar un análisis, honesto, para ver cuál sería la decisión correcta que no afectara mi vida, es decir buscar la hora de simplemente abrir la mano.

EL SACRIFICIO

La Biblia relata en libro de Lucas 18:18 un caso de incertidumbre de un joven rico que se acercó a Jesucristo cuando este fue a la región de Judea; en ese lugar bendijo los niños, aclarando que de ellos es el reino de los cielos ente otras cosas. Al terminar de esa acción para seguir a Jerusalén, vino uno corriendo e hincando la rodilla delante de él, preguntándole:

- Maestro bueno, ¿qué haré para heredar la vida eterna?
- Jesús le dijo: ¿Por qué me llamas bueno? Ninguno hay bueno, sino solo uno, Dios. ¿Los mandamientos sabes?:
- Maestro, todo esto lo he guardado desde mi juventud. Entonces Jesús, mirándolo, le amó y le dijo:
- Una cosa te falta: anda, vende todo lo que tienes y dalo a los pobres y tendrás tesoro en el cielo; y ven, sígueme, tomando tu cruz. Pero él, afligido por esta palabra, se fue triste, porque tenía muchas posesiones.

Jesús, dijo a sus discípulos: ¡Cuán difícilmente entrarán en el Reino de Dios los que tienen riquezas! Ellos se asombraban aún más, diciendo entre sí ¿Quién, pues, podrá ser salvo? Entonces Jesús, mirándolos, dijo: para los hombres es imposible, más para Dios, no; porque todas las cosas son posibles para Dios.

Pedro comenzó a decir:
- He aquí, nosotros lo hemos dejado todo, y te hemos seguido. Respondió Jesús y dijo:
- De cierto os digo que no hay ninguno que haya dejado casa, o hermanos, o hermanas, o padre, o madre, o mujer, o hijos, o tierras, por causa de mí y del Evangelio, que no reciba cien veces más ahora en este tiempo y en el siglo venidero la vida eterna. Pero muchos primeros serán postreros y los postreros, primeros."

EL CONOCE LOS CORAZONES

Jesús conocía el corazón del joven. Sabía que estaba buscando una forma de ganarse la salvación a su manera, el joven no puso las dos rodillas, sólo uso una y otra arriba.

En los tiempos antiguos, sólo los caballeros se postraban con una sola rodilla ante el Rey; los esclavos y los de menor rango, ponían las dos, en señal de sumisión. Este joven no estaba verdaderamente por seguir a Jesús. Debemos olvidarnos de quiénes somos y dejar que Jesús sea el pleno amo de nuestras vidas. Venga con las dos rodillas delante de él.

Este joven rico salió al frente queriendo demostrar su sabiduría diciendo; me sé todo, se mostró como el siervo útil, o quizás su intención eran solo dar, sin dejar de ser lo que era, "puedo ganarme la vida eterna o ser llamado el discípulo número trece". Pero Jesús fue más allá del dinero y de las posesiones, explicando claramente que un seguidor debe dejarlo todo por la causa del evangelio.

Jesús se encontró con todo tipo de personas, pero a nadie le pidió que entreguen todas sus riquezas terrenales, él se refería a las ataduras, estas ataduras que no dejan avanzar a una persona. Si el joven rico hubiera dado todo a los pobres para seguirlo, no se hubiera ganado la salvación. Pero claro está que si lo hubiese hecho, ese acto lo faculta para renunciar a las ataduras terrenales. Se imagina ¿el predicando con Jesús y pensando en el dinero, en sus camellos, en sus tierras, en el sembrado y en todas esas cosas que detienen un llamado?.

Donde quiera que este tu tesoro ahí estará tu corazón.
JESUCRISTO EN MATEO 6:21

Pero buscad primero su reino y su justicia, y todas estas cosas os serán añadidas.
JESUCRISTO EN MATEO 6:33

¿ A QUIÉN AMA? II

La esencia del evangelio es poner los ojos en Jesucristo y no en las cosas de la tierra. La vida se ha convertido en un confort terrenal. Pablo decía ruego a Dios que sus cuerpos sean presentados en sacrificio santo y agradable a Dios. Servir a Dios tiene un costo en esta época, un costo que nos duele, en cambio algunos no renuncian a los placeres complacientes del mundo. Comprendí que la elección era mía y opté por sacrificar los eventos de humor hasta que encontrara la manera de poder sobrellevar una y la otra sin ofender, y más adelante logre fusionar las predicas de unción con un toque de alegría y regocijo.

La gente hoy en día está más preocupada por su bienestar material que el bienestar espiritual, Jesucristo no prometió bienestar terrenal, el prometió el reino.

Cuando sacrificas lo que amas Dios le da el doble de lo que usted entregó, el verá las intenciones sinceras de su corazón. Si quieres hallar beneficio, carnal, terrenal y corporal, debe de tener una vida de sacrificio.

Esté preparado para sacrificar áreas de su vida a fin de llegar a dominar, con el tiempo, todas sus emociones.

¿A QUIÉN AMA? III

Abraham tenía varios hijos pero citaremos dos de ellos: Ismael hijo de Agar e Isaac hijo de Sara. Dios le ordenó, "Toma ahora tu hijo, tu único, Isaac, a quien amas, y vete a tierra de Moriah, y ofrécelo allí en holocausto sobre uno de los montes que yo te diré." (Génesis 22:2). Abraham al escuchar este mandato preparó todo lo necesario para el sacrificio. Leña, fuego, y el cuerpo de su hijo, todo lo necesario para el doloroso servicio.

Atado Isaac y puesto en el altar, preparó el cuchillo, cuando al instante una voz, del cielo "no toques al muchacho".

Isaac era el hijo de su corazón. Se pueden imaginar fácilmente cómo lo amaba Abraham; sacrificar lo que ama le dará un eterno peso de Gloria, eso es lo que Dios busca de usted, cuando usted toma esa acción podrá sentir, palpar y ver a un Dios misericordioso, él siempre pide algo para darle lo mejor.

Al sacrificarse lo sé que ama por obedecer a Dios,
el rumbo de su vida cambiará.
Sólo los valientes arrebatan el reino

Cuando usted obedece como hizo Abraham, confiando en el plan de Dios, será llevado a cumplir el propósito con excelencia y se hará viva la palabra. Jehová quitó sea su nombre bendito (Job 1:21).

PRINCIPIO N°
10

DEJE TODO EN LAS MANOS DE DIOS

No ayude a Dios, él no necesita de su ayuda. Cuando usted se mueve en su voluntad, él será fiel, si vienen amarguras y aun la noche sea oscura su luz le alumbrará.

LA TRISTEZA ME INVADE

Estando en una cruzada evangelística fuera de República Dominicana, experimente el sentir de la manifestación del Espíritu Santo sobre la gente. Luego del sermón la gente lloraba, saltaba, reía, muchos recibían sanidades y dones espirituales, otros eran liberados de posesiones demoniacas, no puedo negar que fue una de mis mejores cruzadas viendo y sintiendo el respaldo de Dios. Mientras daba palabras poderosas al público y a algunas personas de manera privada, de repente un grupo del liderazgo de esa iglesia se levantó llamándome falso profeta, entrometido y todas las vejaciones habidas y por haber. Fue algo horrible lo que sentí, quería tomar un avión esa misma noche y regresarme a mí país, no por dudar de lo que Dios hacía en mi vida, sino porque el chisme y las calumnias corrían como agua en un cristal.

Se comentaba que yo había ido a ese país a recoger ofrendas, a vender la palabra y a dar palabras proféticas que no acertaban e incluso se cuestionó si yo era pastor o si tenía algún pastor o iglesia a quien rendirles cuentas. Me preguntaba; ¿pero será que este grupo de líderes no se dan cuenta de las cosas que sucedieron esta misma noche para estar injuriándome de esa manera?.

Sentía un fuerte dolor como si el corazón quisiera salirse de mi pecho, estuve en medio de aquel padecimiento, de aquellas palabras hirientes y exasperadas que cada vez empezaban a ser insoportables convirtiéndose en carga muy pesada a mí ser.

Esa segunda noche fue la más larga de todas. Me había acostado en el piso con una pequeña almohada y la brisa se rompía suavemente contra las ventanas. Pero no era dueño de mis sentidos. El sonido de las manecillas del reloj parecían campanadas de lo fuertes que las escuchaba dentro de mi cabeza. Me examinaba y me preguntaba ¿dónde radicaba mi falla?, ¿dónde me emocioné?. El piso frío me produjo fiebre, mi cuerpo se estremecía, sintiendo hasta mis huesos arder por el escalofrío.

Esa noche acostado boca abajo, tomé la Biblia y abriéndola en Lucas 18 me edifiqué leyendo sobre una viuda, la cual venía al juez diciendo: "Hazme justicia de mi adversario", tomando estas palabras clamé; "Señor hazme justicia", no quise comer esos días, forzaba mi estómago, pues la preocupación me embargaba. Fueron los cinco días más largos de mi vida, sentía que aquellos días eran de treinta horas. Intenté reunirme con quien me llevó a ese lugar pero los esfuerzos humanos fueron inútiles. Los dos últimos días apenas veinte o treinta personas asistieron, acrecentando mi incertidumbre y dolor. Al terminar la cruzada no me despidieron como en años anteriores, me llevaron al aeropuerto y la ofrenda que me dieron no cubrió siquiera la mitad el boleto de avión.

MI DEFENSA

Al llegar a mi país, las ideas se me traducían en tormentos. Reconstruía aquellas conversaciones, cerraba los ojos, hurgando en mi memoria, los rumores y comentarios escuchados. Totalmente decidido dije: "No vuelvo a esa iglesia".

Pude notar que en las redes sociales no se comentó esa cruzada como en años anteriores, la gente dejo de escribirme, mientras que otros decían que mi ministerio estaba acabado. Quise defenderme, llamar, escribir y desahogarme. Me di cuenta que el enemigo quería meterme en su juego. Tenía orden de no defenderme por lo que sólo decía – Un día me llamarán.

Después de diecisiete días comenzaron a escribir temerosos por las palabras de esa cruzada diciendo, - "Profeta todas las cosas que usted dijo se están cumpliendo, tenemos miedo y verdaderamente reconocemos que es un hombre de Dios". "Jehová me hizo justicia".

No os venguéis vosotros mismos, amados míos, sino dejad lugar a la ira de Dios; porque escrito está: Mía es la venganza, yo pagaré, dice el Señor.

APÓSTOL PABLO EN SU SEGUNDA
CARTA A LOS ROMANOS 12: 19

NUNCA ES TARDE

Todos los que nos hieren, nos engañan, nos mienten o nos maltratan no se detienen a verificar que tanto dolor provocan esos comentarios. Sin embargo, cuando sucede, la mayoría no estamos preparados. En nuestra indignación clamamos a Dios contra la persona que nos ha hecho mal. Pedimos justicia y venganza, haciendo que las cosas sean más difíciles para todos los involucrados.

Dentro de nosotros está impreso un deseo de Justicia; pero el pecado nos lleva a usarlo mal.

La justicia de Dios es para darnos los mejor y para proporcionar lo que realmente nos conviene. El problema es que no sabemos esperar, esta es la razón por la que no vemos la mano de Dios obrando como quisiéramos, por actuar de desesperados buscando por nuestros propios medios las respuestas que satisfagan nuestro interior. El tiempo de Dios no es nuestro tiempo, ni sus pensamientos son los nuestros, en su soberanía él actúa de acuerdo a sí mismo y obra para con nosotros aunque a veces lo que está sucediendo a nuestro alrededor no tenga sentido para nosotros.

UNA SORPRESA PARA USTED

Un día David se estaba acordando de Jonatán. Hacía varios años que Jonatán había muerto en una batalla. David y Jonatán habían acordado cuidar de las familias él uno del otro. David ignoraba alguien de la familia de Jonatán que todavía vivía. David quería cuidar de la familia de Jonatán. Entonces David preguntó:

— ¿Hay todavía alguno que haya quedado de la casa de Saúl, a quien yo muestre bondad por amor a Jonatán? Siba respondió al rey:

—Aún queda un hijo de Jonatán, lisiado de ambos pies. Entonces le preguntó el rey con curiosidad:

— ¿Dónde está?:

—He aquí que está en la casa de Maquir hijo de Amiel, en Lo-debar. Confirmó Siba.

Cuando una persona era coronado rey la costumbre era exterminar toda descendencia y es por esto que la nodriza de Mefiboset cuando este era pequeño tomó una decisión desesperada y sale corriendo para salvarlo por la tradición de eliminar la familia del antiguo rey. Jonatán en vida quiso proteger su único hijo, por eso hace un pacto verbal con David: - "Nunca apartes tu misericordia de mi casa, no dejes que el nombre de Jonatán sea quitado de la casa de David".

El rey David envió a traerlo. Entonces Mefiboset cayendo sobre su rostro se postró. David le dijo:

— ¿Mefiboset? Y él respondió:

—He aquí tu siervo. David le dijo:

—No tengas temor, porque ciertamente yo te mostraré bondad por amor a tu padre Jonatán. Te devolveré todas las tierras de tu padre Saúl y tú comerás siempre a mi mesa.

Hay personas que creen conocer el reloj de Dios, no sabiendo que su reloj está más adelantado que el nuestro.

¿Cuántas veces se ha repetido la historia de Mefibosef en su vida?, cuando usted ha confiado en Dios no tiene el por qué ayudarlo para acelerar la respuesta a su proceso o situación. ¿Qué sentido tiene ayudar a Dios para que él lo restaure con las cosas que tienes pidiéndole?, nuestra mente finita no comprende que él da lo necesario y lo justo en su tiempo, no en el nuestro.

Usted confunde esperar en Dios en "yo decreto", "yo declaro", y "yo hago mía esa palabra", Mefibosef no cabildeó una llamada del Rey David, ni se ponía en la puerta pidiendo clemencia, pero tal vez pacientemente esperaba alguna llamada.

Mefibosef vivía en Lodebar que significa tierra desértica, árida, sin esperanza, conocido como el méndigo de la localidad, siempre tirado en las calles pidiendo limosna, sucio y desarreglado. Imagínese el asombró de este hombre cuando se entera que David lo busca, llenó de temor "me van a matar soy el último de la casa de mi padre" sorpresa para él, David lo sacó de un lugar de abandono a un lugar de honor. Incluyéndole en su familia, para así convertirse en unos de los hijos del rey.

Quien entrega el inconveniente a Dios, es quien tiene la suficiente madurez de poder decir;
"Jehová dio, Jehová quitó sea su nombre bendito"

ISRAEL VALENZUELA

Es así que Jesucristo pone la mirada sobre usted, viene a devolverle todo lo que has perdido, casa, territorio, ministerios y sobre todo que se siente en la mesa, a su lado.

Recuerde: el principio de este propósito es tener la capacidad de mantener la calma ante lo que Dios ha prometido, claro sin dejar de orar y de no dejarse llevar de las emociones ni de la desesperación. Cuando logre comprender que las manos de Dios son más grandes y poderosas y que sin él nada podrá hacer, pronto controlará la situación. Jesús es mejor capitán que usted, déjelo actuar y guiar su barco a puerto seguro.

Para alcanzar este principio deben suceder dos cosas: Primero, usted deberá aprender a dominar sus emociones y a no actuar nunca bajo la influencia de la abundancia del corazón.

Segundo, si algo le afecta y quiere defenderse opte por no hacerlo.

Y esperaré pacientemente, aunque la duda me atormente, yo no confío con la mente, lo hago con el corazón.

JESÚS ADRIAN ROMERO –MEXICANO

¿QUIÉN HABLA DE USTED?

Cuando usted es calumniado el dolor se hace insoportable, yuxtapuesto con su ansia de venganza, un deseo ardiente de pedir justicia enciende el corazón en pasiones desordenadas. Es cuanto antes se quiere obtener cuanto antes el poder de Elías para hacer que descienda fuego del cielo y los consuma, también trasluce donde por así decir, el resurgir del viejo hombre. Pero no hay venganza más heroica que la que se consigue gracias al silencio de dejar obrar al Espíritu Santo que como fiel consolador ministrará su corazón y le dirá, "calma, yo peleo por usted".

Enfrentar a las personas que le han maltratado es el deseo humano de quedar bien ante la sociedad. No obstante el enemigo siempre ha querido que usted crea lo contrario de lo establecido por el Señor. Permanezca en silencio, será llamado a sentarse a la mesa del rey como reconcomiendo de no defenderse. La gente espera que usted tome decisiones negativas que afectan su carrera ministerial para luego, ellos mismos criticar sus acciones.

Dios le enviará personas y ángeles para defenderle en su momento adecuado, no insista, conserve su dignidad, defenderse, hará que las palabras de Jesucristo no sean valederas y entrará en el problema de la desacreditación.

Si usted mismo toma la defensa en sus manos, demostrará que no ha madurado lo suficiente para entender el propósito de Dios. Nunca dirija sus fuerzas ni sus atenciones a las personas que creen que los molestan, al contrario el enemigo es que está detrás de ellos, su lucha no es con fuerza, ni con humanos, es con demonios. Hay cosas que no dependen de usted, otras sí. De usted depende, deje que Dios haga su obra perfecta. Tal vez la situación que está viviendo le haga darse cuenta de que hay cosas que cambiar y mejorar. Aproveche entonces las circunstancias de la más recia de las tormentas.

"El ángel de Jehová acampa alrededor de los que le temen, y los defiende"

REY DAVID, EN SALMOS 34:7

Solamente el que es capaz de esperar en Dios, podrá conseguir una intervención divina a tiempo. Su carga será quitada y entrará en el círculo de personas que han puesto su confianza en el Espíritu Santo.

Usted deberá comprender lo siguiente: Su integridad con Dios generará rivalidades y creará enemigos. Pero, sea cual fuere la herida que les han causado en forma deliberada o inconsciente, no tome ese odio como algo personal. Reconozca, simplemente, que entre usted y esas personas no habrá razonamiento posible, sobre todo mientras usted posea la razón.

No temas, porque Yo estoy contigo; no desmayes porque Yo soy tu Dios que te esfuerzo; siempre te ayudaré, siempre te sustentaré con la diestra de mi justicia.

He aquí que todos los que se enojan contra ti serán avergonzados y confundidos; serán como nada y perecerán los que contienden contigo.

PROFETA ISAÍAS, HABLANDO AL PUEBLO 41:10-13

PRINCIPIO N°
11

RECHACE LOS ARGUMENTOS QUE IMPIDEN EL PROPÓSITO DE DIOS EN SU VIDA

Los argumentos son los pretextos que el diablo ministra en su cabeza para que no avance al propósito que Dios tiene preparado para usted. Estos se convierten a su vez en la salida que profesa su mente para quedar bien con la sociedad y el entorno.

MUCHA ESPUMA Y POCO CHOCOLATE

Al establecerme en la ciudad de Santiago a ciento noventa y ocho kilómetros de la capital dominicana, me tocó vivir la experiencia de la espuma y el chocolate. La iglesia estaba en unas de las calles principales de la ciudad. No era grande, cabían alrededor de 60 personas. Yo estaba feliz y les comentaba a mis amigos lo bien que me había ido en mis inicios, era una presunción personal de iniciar un pastorado con más de 50 personas. —Ya tenemos una iglesia bien equipada –decía satisfecho.

Al pasar las semanas menos personas estaban congregándose, eso me preocupaba y a su vez me entristecia. Lle comenté a mi madre lo que estaba sucediendo, mi madre conocía bien el terreno del pastorado (ella había fundado 4 iglesias) y entendia muy bien el sacrificio de levantar una iglesia. La voz firme de mi madre me hizo entender que este reto tenía alzadas y caídas. Me miró y dijo: ¡hijo sigue adelante las espumas se van y el chocolate queda!

Al escuchar esas palabras medité profundamente, era como un grito desesperado en mi interior buscando respuestas sin poder encontrarlas. No podía creer que esto estaba sucediendo. Esas cincuentas personas se redujeron drásticamente a seis. Dije: "Señor yo no recorro tantos kilómetros a ser un pastor mediocre". A la vez que me comparaba con otros pastores del área que para mí eran exitosos, - A ese le fue bien porque recibió una iglesia hecha, y este otro tenía los millonarios de la ciudad. Así justificaba la decadencia de la iglesia.

MANIFESTACIÓN DEL PODER DE DIOS

No es fácil después de verse en la cima estar en las faldas de la montaña y fue cuando recordé el momento en que Moisés escuchó por primera vez de Jehová. Éxodo 3, relata la manifestación del poder de Dios a través de la zarza que ardía y no se consumía; cosa tal que atrajo su atención. En el momento que se acercó a la zarza Jehová se le presentó como el Dios de Abraham, de Isaac y de Jacob. Moisés reconoció que era Dios quien le hablaba y se cubrió su rostro por temor, Dios le dijo: "Quita el calzado de tus pies porque estás en tierra santa".

Jehová le dio un mandato, no le pide un favor por lo que le dice: "Ven, por tanto, ahora, y te enviaré a Faraón, para que saques de Egipto a mi pueblo, los hijos de Israel. (Éxodo 3:10).

Aunque en cierto aspecto Moisés recordó su pasado en Egipto, consideró poco necesario el apaciguamiento de ser el emisario de Jehová ante el Faraón. El desierto, su familia y sus ovejas representaban su pueblo y sus posesiones.

Probablemente entendía que el papel de libertador le correspondía a otro, pues él no ignoraba que Faraón oprimía con horrendas medidas súbitas y brutales en contra del pueblo de Israel.

Un Faraón, duro, despiadado e increíblemente vano, fue quizás la causa de sus excusas y argumentos: soy incapaz, ¿quién me envía?, ¿quién soy yo?, no sé hablar, no me creerán. Jehová respondió cada argumento dado por Moisés, se puede afirmar que desde un principio no mostró mucho interés por este nuevo compromiso.

QUIEN LE LLAMA RESPONDERÁ POR USTED

Moisés no era hombre de engañarse así mismo. Conocía los sonidos del desierto, el ganado, su nueva familia, a Egipto con sus costumbres y parte del pueblo de Israel. Los argumentos de Moisés hicieron que Dios le respondiera a cada interrogante haciendo que en su soberanía explicara a un hombre mortal la manera de cómo responder, conducirse y actuar para presentarse ante el Faraón, que suponemos era su hermano de crianza.

Las respuestas y la explicación de cómo liberar al pueblo de Israel tenían el respaldo absoluto del gran YO SOY. Era cuestión de confiar. Imagínese esta historia desde la perspectiva de Moisés.

Dios quiere bendecirle con dones, con poder, con unción, entre otras cosas poderosas, además sacarlo del estado del que usted está acostumbrado. Muchos no saben cuál es su llamado y el día que se le ha llamado para hacer algo en Dios, llegan esos argumentos vanos que entristecen al Espíritu Santo.

DIOS HAZ TU VOLUNTAD

En el propósito de Dios es necesario que usted aprenda a ser más minucioso consigo mismo para identificar cada uno de sus movimientos. El mayor problema es justificarse de distintas maneras cada vez que Dios quiera decirle algo, pues provocará un silencio de él para su vida y será más difícil para usted volver a establecer ese contacto. La argumentación verbal reside en que usted nunca podrá alcanzar un nivel espiritual por no actuar en Fe y siempre va a ver las cosas negativas antes que las positivas.

Hay algo que debe comprender: cuando usted le dice a Dios haz tu voluntad, desde ese instante dejó de ser libre para sí mismo y se ha convertido en servidor de Jesucristo. Muchos serán llamados para cumplir un propósito que parecerá difícil o imposible, y a través de los argumentos lo rechazarán, no obstante, el Señor tendrá la paciencia de que un día todos los argumentos dados por usted se le acabarán para así él hacer su voluntad en su vida.

¿QUÉ SON LOS ARGUMENTOS?

La palabra argumento es un término que procede del vocablo latino *argumentum*. Se trata del razonamiento que se utiliza para demostrar o probar una proposición o para convencer a otra persona de aquello que se afirma o se niega. Argumentar es igual a: aducir, alegar, disputar, discutir.

El enemigo toma ventaja en el ser humano mediante los argumentos, haciendo que la gente se aleje de Dios creando falsas doctrinas y dogmas.

Los argumentos no se levantan contra las personas que no tienen principios, ni se levantan contra los que no tienen propósitos, ni mucho menos contra los que no tienen meta y ni tampoco en contra de las personas que están destruidas. El poder de los argumentos es en extremo ilimitado, y a menudo logra lo opuesto de lo que se quiere, por esos estos se levantan contra gente que quiere llegar a la presencia de Dios y los que quieren romper los límites. El diablo ministra a su mente y queriéndolo hacerle sentir sabio en su propia opinión. Una sabiduría terrenal llena de altivez.

Recuerde: el argumento es en esencia una de las armas más poderosas del enemigo. El diablo con su sabiduría lo puso en la mente de Eva a través de la serpiente, lo mismo hace ahora con mucha gente, explicándole que no es necesario hacer la voluntad del padre, pues de todos modos seremos salvos sin tener que esforzarnos.

DERRIBE. ¡USTED PUEDE!

Usted puede arrastrarse por la vida huyéndole a la voz de Dios. De ser así cometerá infinitos errores y desperdiciará su tiempo y su energía en el intento de hacer cosas a partir de su propia experiencia. O, por el contrario, puede hacer caso al llamado de Dios y ponerse en sus manos para que pueda usarle.

Por tanto usted puede con facilidad elegir renunciar a sus argumentos, no prestar atención a quien lo limite o le diga lo contrario a lo que Dios manda u ordena y considerar el llamado como algo que le traerá grandes oportunidades de crecimiento e interés. Esa es la forma poderosa de proceder. La mejor lección que usted puede darle a la gente que pone excusas es haciendo caso omiso a lo que a ellos les fue exigido y que no quisieron hacer. Si es imposible aléjese de los matadores de propósitos, ore, ayune, maneje en secreto el plan de Dios para usted, pero nunca dirija la atención hacia al que usted cree que está bendecido por no seguir el plan de Dios, que tarde o temprano le pedirá consejos de cómo fue que usted obtuvo la victoria.

Si usted desperdicia tiempo y energía en huir del propósito, al no ser bendecido. La culpa será suya.

Es un error muy común suponer que Dios dará las bendiciones así por así, muchos creen que si no consiguieron lo que pedían el dará otra cosa. Nada más lejos de la verdad es suponer esto. Para poder recibir se tiene que concluir con lo primero, evitar ser uno más del montón o de los que esperan que Dios le dé todo sin ningún esfuerzo.

Cualquier clase de argumento contrario a lo establecido por Dios lo alejará paulatinamente de su gracia y perderá la capacidad de trabajar para el Señor.

Obedecer a Cristo es la mejor arma para que los argumentos no ganen territorio en tu mente.

SAMUEL, SAUL Y AMALEC

Samuel dijo al Rey Saúl:

— Ve, pues, y hiere a Amalec, y destruye todo lo que tiene, y no te apiades de él; mata a hombres, mujeres, niños, y aun los de pecho, vacas, ovejas, camellos y asnos. Saúl, convocó al pueblo y viniendo a la ciudad, puso emboscada y así derrotó a los amalecitas matándolos a todos.

Y Saúl y el pueblo perdonaron a Agag, y a lo mejor de las ovejas y del ganado mayor, de los animales engordados, de los carneros y de todo lo bueno, y no lo quisieron destruir; mas todo lo que era vil y despreciable destruyeron.

Luego de la pelea con los amalecitas, Samuel salió al encuentro con Saúl entonces dijo:

— ¿Pues qué balido de ovejas y bramido de vacas es este que yo oigo con mis oídos? Y Saúl respondió: De Amalec los han traído; porque el pueblo perdonó lo mejor de las ovejas y de las vacas, para sacrificarlas a Jehová tú Dios, pero lo demás lo destruimos. Por cuanto tú desechaste la palabra de Jehová, él también te ha desechado para que no seas rey.

1RA DE SAMUEL 15: 1 -23

En mi caso tuve que someterme a rechazar los argumentos de dejadez, depresión y soledad que el enemigo dictaba en mi cabeza, me enfoqué en trabajar para hacer que la iglesia crezca, predicando y abriendo células, grupos de estudios, seminarios, orando casa por casa y sentándome a escuchar pastores exitosos y al final de los días se iban añadiendo personas hasta hoy en día.

PRINCIPIO N°
12

QUEME LA VÍBORA

La víbora es la representación del pecado y su propósito es sacarle de circulación. Sólo el fuego del Espíritu Santo la quemará. Aprenda a no tener compasión con el pecado. Diga la verdad aunque le duela y aléjese de las víboras. Evite ir al nido a toda costa.

LE QUIEREN AHOGAR

Los capítulos 27 y 28 del libro de los Hechos, Lucas narra la historia del Apóstol Pablo y su traslado a Roma como preso bajo la custodia del centurión romano llamado Julio. Salieron hacia Adrumeto en Misia, Asia menor, allí esperaban alcanzar una nave que fuese a Italia. Al zarpar de Cesárea de Filipo el tiempo comenzó a cambiar, se levantó una fuerte tormenta y en medio de esas condiciones climáticas siguieron navegando. Pablo pasaba esos días en altamar en oración y fue entonces cuando recibió un mensaje: "No temas, tú has de comparecer ante el César, y he aquí que Dios te ha concedido la vida de todos los que navegan contigo"

La nave zozobró y ellos nadando hasta las costas se salvaron, ya en tierra los nativos hicieron fogatas para así apocar el frío de los náufragos. Pablo recogió ramas secas, las echó al fuego; y una víbora huyendo del calor se le sujetó en la mano, todos viendo la víbora colgada de su mano se decían unos a otros: "ciertamente este hombre es asesino y aunque se salvo de las aguas del mar la justicia divina no va a consentir que siga vivo".

CREERLE A DIOS

El Apóstol Pablo en medio de la tormenta no se lamentó, el confiaba en el mensaje recibido estando en oración, "Vas a comparecer ante Cesar". Él sabía que Dios no lo abandonaría pasara lo que pasara.

SALVOS, FUERTES Y CON UNCIÓN

La gente que nos rodea e incluso nuestros mejores amigos, nunca entenderán que las cosas que suceden en nuestro alrededor es con un propósito, además alegarán que todo lo negativo que le rodee es porque estás fuera del favor de Dios; entonces le juzgarán sin razón sobre la base de las apariencias. Se podría decir que todas las dificultades que le sucedan podrían ser el termómetro para determinar su progreso o su ruina.

La difícil travesía que vivió Pablo para presentarse ante el César, fue una muestra ilustrativa de la manifestación del Poder de Dios. Cuando usted se siente hundido encontrará personas que le darán la mano, así como también otros que no lo harán. Pablo encontró ayuda espiritual (el ángel se le aparece) y ayuda física (la gente del pueblo).

Danos socorro contra el enemigo, porque vana es la ayuda de los hombres.

REY DAVID SALMOS 60.11
CUANDO LUCHÓ CONTRA LOS ARAMEOS

En su proceso muchos de los que se hacen llamar sus amigos le abandonarán. Eso es necesario para obligarle a que comprenda de una vez por todas que no depende de sus amigos sino de Dios. Pues cada vez que la restauración este por llegar de parte de Jesucristo, la víbora querrá colgarse una vez mas para hacerle dudar de la palabra de renovación y de su destino profético.

Recuerde Algunos le ayudará hasta cierto punto y en no pocas excepciones cuando usted sea prosperado le reclamarán la ayuda o el favor que le hicieron.

¡QUÉ SE QUEME!

Pablo no acarició la víbora, ni siquiera la reprendió, ni muchos menos la guardó como un recuerdo. Me lo imagino tratándosela de despegar en presencia de los mirones que esperaban que muriera como señal de que Dios se había apartado de él. La gente va a esperar su ruina espiritual (consciente o inconscientemente), que fracase en el trabajo, en los negocios, en el ministerio o en la obra que Dios le ha encomendado. Pero hay una palabra que los curiosos no comprenden, es que Jesucristo le dará la mano y dirá: -"levántate". Al salir victorioso verán en usted el hombre y la mujer de Dios para este tiempo, se levantarán personas a imitar todo lo que está haciendo en beneficio del reino.

En cualquier lugar que la presencia de Dios se manifieste los demonios tienen que salir a entorpecer.

CUIDE SUS PASOS

El veneno de la víbora es letal, el fuego del Espíritu Santo quemará toda alimaña que pueda acercarse, usted podrá encontrarse en su andar con varios tipos de víboras, tiernas, de colores y no mortíferas que parecerán inofensivas. CUIDADO!!! Son víboras y por más inocente que parezca el pecado, es pecado. La víbora le envolverá y querrá romper sus huesos, inyectará el veneno en su sangre, le dormirá y hará de usted una presa fácil para devorarle lentamente. Por lo tanto no le dé espacio para negociar, ni esperanzas.

Una víbora aplastada bajo su pie, pero aún viva, se levantará para morderlo con una doble dosis de veneno. El diablo si no es reprendido permanecerá cerca de usted a medio morir. Y más delante de manera sutil usted ayudará a la víbora a reponerse con el alimento de sus acciones fuera del Espíritu Santo y por la falta de determinación. Cuídese, destrúyala por completo o aléjese lo más rápido posible.

Pablo experimentó un poder sobrenatural luego de deshacerse de la víbora, oraba por las personas, por lo cual muchos recibieron milagros, otros salvación. Esta acción de quemar la víbora hizo surgir un Pablo completamente diferente, con más autoridad, más poder, con más unción.

Todo creyente se convierte en una amenaza para el diablo, cuando se conecta con Jesucristo.

EVITE EL NIDO

El hecho de que porque las cosas malas le estén sucediendo no significa necesariamente que hizo algo malo, comprenda que llegó el proceso del cambio y cuando ese proceso llega es que comienza a sacar todo veneno que la víbora alguna vez inyectó en usted. El enemigo conoce gran parte de su vida, conoce de sus derrotas y victorias, dónde duerme, su teléfono móvil, le manda hasta mini mensajes para hacerle flaquear, le tiene en su nómina, el no querrá que avance. No le siga el juego, si usted sabe de donde Dios lo sacó no tiene por que volver a ese sitio, tratelo como parte de su pasado.

LO QUE REPRESENTA

Debe entender que las víboras pueden convertirse en lo que más cerca usted tiene o ama, es lo que le impide gozarse libremente y entrar en la absoluta presencia de Dios. No es fácil llamar a algo que ha crecido en su entorno ¡víbora! pero tenemos que hacer lo posible por arrojar de nuestras vidas todo lo se asemeje a ellas.

PRINCIPIO N°
13

LÍBRESE DEL OPROBIO

El oprobio lleva a que usted no vea lo que Dios le está mostrando en su futuro profético, tampoco le permite ver la manifestación de la grandeza y el poder del Padre.

LA PROMESA

Crecí cerca con cuatro buenos amigos, en mis momentos libres solíamos aprovecharlos para conversar sobre nuestros planes futuros y de cómo serían nuestras familias. Ellos se fueron casando paulatinamente y dejándome sólo. Mis seis hermanos habían formado familias y yo con varios fracasos amorosos que adornaban mi hoja de vida y me hacían tener un corazón de piedra con respecto al amor.

Cada vez que me presentaban a alguien mi corazón dictaba, "vas a sufrir, mejor quédate solo". Pasaban los años y las canas y arrugas anunciaban el fin de la próspera juventud. Era una diatriba dentro de mí, pues quería tener mi compañera y a la vez me gustaba la soltería.

Tenía por disciplina no enamorarme cruzando puentes, pagando peajes ni montándome en un avión, me mantuve siempre al margen de que sea de mi ciudad.

Me encontraba dando una conferencia y en el momento de la ministración entró una joven. Quede asombrado por su belleza, mientras que en el instante mismo sostuve una conversación mental con Dios y expresé -"Señor si me das a esa chica me harías un hombre feliz". No obstante, una parte de mi corazón rechazó ese grotesco pensamiento y dijo –"vas a sufrir", al momento que el oprobio de mi corazón volvió a repetirme el lema "ni cruzando puentes, pagando peajes ni montándome en un avión". Quise hacerme el desentendido a tal punto que una mujer sin yo saber que era la madre de la joven me pregunto –¿De dónde es usted? con su tono argentino, - Dominicano contesté, -Me gustaría que usted fuera el esposo de una de mis hijas: Quede anonadado y le respondí, - Hermana yo no vengo a este país a enamorarme, así que no le seguí prestando atención y pensé que era unas de esas palabra para halagar.

Al salir de ese lugar los pastores me llevaron a cenar y para sorpresa estaba la señora junto a su hermosa hija, la misma de mi conversación con Dios. Fue un momento de confusión donde una lucha interna se apoderaba de mi mente. Compartimos contactos, esa familia comenzó a escribirme y al pasar unos años invite a esa joven a mi país.

¿ME INVADE EL OPROBIO?

Sabía que invitar esa joven a mi país, era un compromiso y un riesgo, sin embargo decidí extender la invitación mientras que me mantenía fluctuante. Ella llegó al país y todos mis allegados me decían, -esa es la mujer que Dios tiene para ti. Sentía miedo al fracaso y puse varias señales, todas se cumplieron. Estaba aterrado.

Una tarde un pastor llegó a mi casa y me dijo: "si la dejas perder te quedarás solo por el resto de tu vida, no puedes estar recordando el pasado, suelta ese oprobio y podrás ver en esa mujer tu ayuda idónea". Entonces fue cuando orando pude hacer un alto en mi corazón y meterme en la voluntad de Dios. La mejor manera de evitar que el oprobio se arraigue en el corazón, consiste en cambiar de forma de pensar, dejar que el Espíritu Santo actúe.

EL OPROBIO

El Oprobio es el nivel de pensamiento, acción de mentalidad que provoca que usted no disfrute la gloria, no deja que se concentre ni deja que usted sostenga lo que Dios le ha entregado. No le permite tener fuerza de voluntad para percibir su destino profético, siempre le estará molestado, trayendo baja estima, no dejando al Espíritu Santo entrar a su vida, alejando sus manos de la bendición a tal magnitud que usted puede estar orando y el oprobio le dirá que está en pecado.

La mayoría de las personas son atrapados por este mal, dicen amén a todo y se engañan ellos mismos, manifestando abiertamente que todo está bien. Usted tiene que romper la legalidad que le ha dado al oprobio, es por eso que la gente ha quedado atrapada en áreas de las que ha renunciado por no lliberarse completamente. Entregue todo a Dios, no deje partes de su vida sin entregar, cierre las puertas.

Quienes se encuentran en oprobio por diferentes situaciones no pueden moverse con agilidad, no pueden percibir el cambio ni adaptarse a él, o se ponen aún más lentos que antes, hasta sufrir el destino de los perdedores espirituales. Aprenda a renunciar al oprobio y a moverse con rapidez y adáptese, o de lo contrario su bendición se la llevará otro. Para que entendamos bien el concepto y hacerlo un poco más simple, le diría que el oprobio es por referencia una carga innecesaria que usted lleva consciente o inconscientemente. Por consiguiente, le resultará más difícil moverse con una carga de 40 libras en su espalda que con su cuerpo ligero y libre de cargas.

Hasta que el oprobio no salga de su mente, la abundancia y la prosperidad de Dios no llegarán a su vida. Muchas familias viven en la pobreza espiritual por causa del oprobio.

ROLANDO METIVIER, PASTOR DOMINICANO

UN OPROBIO EN ISRAEL

Josué fue el sucesor de Moisés para seguir con la conducción del pueblo de Israel. Después de la salida de Egipto y los 40 largos años de vagar por el desierto, ellos estaban a pasos cortos para entrar en la tierra prometida, conquistar a los habitantes y ocupar el territorio. Hay una palabra de responsabilidad para el nuevo líder "Esfuérzate y sé valiente; porque tú repartirás a este pueblo por heredad la tierra de la cual juré a sus padres que la daría a ellos". Josué escribiendo las crónicas de sus batallas, plasmó por la inspiración de Dios, en el capítulo 5 desde el versículo 9 "y Jehová dijo a Josué: "Hoy he quitado de vosotros el oprobio de Egipto; por lo cual el nombre de aquel lugar fue llamado Gilgal, hasta hoy." Y los hijos de Israel acamparon en Gilgal, y celebraron la pascua a los catorce días del mes por la tarde en los llanos de Jericó.

EN EL DESIERTO

En los 40 años que duró el pueblo de Israel en el desierto se le dieron leyes, ordenanzas y se les enseñó a adorar al Dios verdadero. El pueblo en su mayoría tenía costumbres egipcias, como la adoración de ídolos, tampoco eran guerreros, puesto que Egipto era un país poderoso y además, ellos eran los esclavos y sólo servían, es decir no se sabían defender. ¿Qué tan grande era este oprobio? , ¿Cuál era el verdadero oprobio del pueblo?

El oprobio no es más que una situación compleja que quita toda felicidad arraigada a nuestro ser.

El oprobio fue sin duda la manera del pueblo estar acostumbrado a que le proporcionen agua, vestimenta y comida, era prácticamente un compensación por el sudor, Sin embargo, ya en el desierto, los israelitas no hacían el mínimo esfuerzo para conseguir por sus propios medios su sustento y por el contrario sólo era una constate queja. Cuando le fue quitado el oprobio se le estaba quitando la mentalidad de esclavo. El esclavo trabaja y es mantenido. Ahora tendrán que comer el fruto, labrar la tierra y conquistar.

FUERA EL OPROBIO

No se puede ir por la vida proclamando grandes bendiciones con la mente turbada recordado el pasado. Por esta causa muchos no alcanzan esas promesas.

Una táctica que puede resultar para detectar si estás viviendo en oprobio es cuando Dios le dan una palabra y sigue viviendo igual, sin permitir que lo profético entre y se quedas analizando como Dios lo va hacer. Sepa que esto provocará que la usted no disfrute la Gloria de Dios.

El enemigo más grande de la prosperidad, de la unidad familiar, de la unción y del éxito en los proyectos es el oprobio.

El oprobio trae conformismo y Satanás ha metido los conceptos de idealísimo clásico para que todos opinen. Usted no se debe moverse por un grupo ni tampoco por una palabra que usted sienta; Dios le hablará y le dirá hazlo o no lo haga. Con espíritu de religiosidad y de oprobio, Dios no puede entregarle las riquezas de su reino ni mostrarle su gloria.

Si usted ansia una gran bendición de esas que sobreabundan, deje de lado ya mismo esa mentalidad esclava y aprenda a ver las cosas del punto de vista expresada en Romanos 8 "A los que aman a Dios todas las cosas les ayuda a bien". Domine y haga suya esas palabras, así siempre tendrá una ventaja con respecto al propósito de Dios.

Cuando saques el oprobio de su vida, Dios lo pondrá a hacer cosas poderosas que nadie entenderá.

Una vez que pude sacar el oprobio, pude ver la manifestación de la grandeza del padre, al abrir mi corazón a la voluntad de Dios, y pude formar una familia. Este paso de valentía alentó a otros a seguir el camino de la alegría y la libertad. Recuerde que los mejores siervos de Dios al dejar el oprobio suben peldaños y cultivan un aire de seguridad que le permitirá poder hablar en nombre de Jesucristo.

A medida que usted vaya madurando deberá apoyarse cada vez menos en el pasado. Esté atento, no sea que la forma que adopte le ciegue el entendimiento, tampoco se trata de imitar las modas de aceptar sin analizar las situaciones algo igualmente ridículo. Es con la dirección de Dios que deberá adecuarse de manera constante a cada nueva circunstancia, incluso al inevitable cambio que implica comprender liberarse o no del oprobio.

PALABRAS DE CONFIRMACIÓN

He aquí yo os envío pan, mosto y aceite, y seréis saciados de ellos; y nunca más os pondré en oprobio entre las naciones.

JEHOVÁ HABLANDO A TRAVÉS DEL PROFETA JOEL, 2:19

PRINCIPIO N°
14

NO FUERCE UN MILAGRO:
EL PODER VIENE DE DIOS NO DE USTED

Forzar un milagro es el error más grande que una persona puede cometer, creyéndose que el poder se manifiesta a su antojo o por cuestiones personales. Manténgase siempre pendiente a lo que Dios quiere, no a lo que usted desee. Recuerde que somos administradores de la unción, no los dueños.

ADMINISTRADOR DEL PODER

Cuando una persona cree que tiene un poder y no es así, vive en constantes desaciertos que dañan el evangelio, ora por los enfermos, da palabras proféticas, declara y siempre tiene una palabra de revelación, que en muchos casos lo que su interior y su ego quieren es crear es un espectáculo para que su nombre se dé a conocer antes que el de Dios. Este tipo de persona está contagiado con el "síndrome de Hubris". Que es definida como la enfermedad del poder, quien la sufre "piensa que sabe todo, e inclusive cree hasta como Dios se va a manifestar, especula que los otros no saben nada y como tal los desprecia".

Cuando se es administrador del poder hay que estar seguro que se actúa en nombre de Dios para no crear esas falsas expectativas en las personas. Como portador de la unción se debe tener la seguridad de quien le envió le guiará en todo lo que emprenda y no hará que usted cree esos actos bochornosos en su nombre. Actos que empañan en el evangelio. Vale la pena recordar que usted fue elegido como un vaso para la honra del padre aunque es necesario recordarle que un vaso y lo que contiene dentro no se mueve por sí solo, hay una mano que lo mueve. Comprenda que por mas titulos o ministerios que posea quien lo mueve en poder y uncion es la mano de Jesús, en caso contrario otras manos estarian operando en su vida

Ahora bien, en una casa grande no solamente hay vasos de oro y de plata, sino también de madera y de barro, y unos para honra y otros para deshonra. Por tanto, si alguno se limpia de estas cosas, será un vaso para honra, santificado, útil para el Señor, preparado para toda buena obra.

2ᴰᴬ TIMOTEO 2: 20 - 21
BIBLIA DE LAS AMÉRICAS

Lamentablemente en estos últimos tiempos se ha levantado una generación de hombres y mujeres ofertando milagros obviando que el mejor milagro es aceptar a Cristo como salvador personal.

En primer lugar para reprender, sanar y liberar lo más importante es estar lleno del poder Dios, En segundo lugar; aprender a no usar el nombre de Dios en vano para fomentar su propia causa pensado que la gente creerá que verdaderamente es la mujer o el hombre de Dios para este tiempo. Si usted intenta hacer todo sin dirección de Dios terminará agotado, defraudado y podrá caer en una profunda depresión al no ver los milagros esperados.

PODER DELEGADO

La obsesión de tener poder y de hacer milagros nos afecta a todos. Con seguridad le informo que hay dones para los hombres y mujeres, pero el poder es limitado para el que lo limita y no tiene FE. Pablo creía firmemente en el poder de Dios en su vida, no sólo oraba por los enfermos sino que enviaba pañuelos llenos de poder.

Muchos albergan la ilusión de que la manipulación y mencionar el nombre de Jesús los facultan para tener poder para reprender, sanar y liberar. Los hijos de Ezeva creían que con el hecho de mencionar al Dios que predicaba Pablo encontraría la fórmula milagrosa de liberación. Sin embargo, la sorpresa fue otra: el espíritu malo, dijo: A Jesús conozco, y sé quién es Pablo; pero vosotros, ¿quiénes sois? Y el hombre en quien estaba el espíritu malo saltando sobre ellos y dominándolos, pudo más que ellos, de tal manera que huyeron de aquellas casa desnudos y heridos. (Hechos 19:14)

MERCADERES DE DONES

El mundo cristiano ha entrado en la ley mercadotécnica de la oferta y la demanda; haciendo anuncios donde se vende productos como la sanidad, venga a recibir su milagro y a menudo estos individuos son incapaces de realizar una oración verdadera. Lo mejor es protegerse de las adulaciones o de lo que su mente le está dictando, recuerde no confundir la fe con un don que usted no posee.

Mientas usted se ha sometido a la obediencia de Cristo alcanzará dones y podrá orar sin forzar nada, además logrará sentir una atmósfera de confirmación en lo que usted hará de ahora en adelante. Encontrará personas que le dirán, "usted tiene alguna palabra para mí?" ¡Cuidado! no caiga en el juego creyéndose que usted tiene la respuesta a todo lo que se le pregunte. La gente no quiere tener un encuentro personal con Dios, prefieren en cambio una palabra que usted le dé en vez de ellos mismos hacer el sacrificio de provocar un milagro.

CRÉALE A DIOS

Comience a ser diferentes, ore como si fuera lo único que necesitara para alcanzar el mundo. Ore y reciba el poder de lo alto y no habrá demonio, fortaleza, gobierno, tierra, persona, jefe, hermano, madre, denominación o iglesia que se interponga cuando hable con la fuerza del Espíritu de Dios.

La gente no se salva a través de los milagros, ellos llegarán a través de confesar a Cristo como salvador.

Asegúrese de saber cuándo Dios respaldará su palabra. Es particularmente importante no ser codicioso de sentirse que si otro no puedo usted podrá. Cuando Dios le diga hágalo, no titubee. Es así como se alcanza este principio con propósito.

La facultad de obrar milagros en el nombre de Jesús no le garantiza una relación eficaz con él. Por algo él mismo dijo: En aquel día muchos dirán, en tu nombre hicimos milagros!. Piense en ello, no deje que los milagros y las demostraciones del poder de Dios sean el centro de su vida. No pierda de vista a Cristo, no se centre en usted. Él es el verdadero centro de su vida y ministerio.

PRINCIPIO N°
15

ESTABLEZCA EL ORDEN
DE DIOS EN SU VIDA

Cuando quiera tener una vida victoriosa y llena de paz, deje que el Espíritu Santo trabaje en su corazón, tenga en cuenta que cuanto más entre en intimidad con Dios será más bendecido. Las personas que entregan sus pasos a Dios difícilmente caen en depresión.

DE LA BOCA PARA A FUERA

Hoy en día, las iglesias se están llenando de personas que dicen, "Dios haz tu voluntad en mí", a sabiendas que no la aplicarán. Se debe tener cuidado al pronunciar esta frase ya que podemos caer en el riesgo del fatalismo o del narcisismo. El primero acepta todo lo negativo que nos acontece como voluntad divina: "Si en la pareja hay pleitos y ofensas es voluntad de Dios, no puedes hacer nada eso fue lo que se establecio para usted." El segundo es reflejado en la propia voluntad un supuesto deseo de que se cumpla la voluntad divina: "Señor haz que obtenga este empleo (es decir que me suceda lo que yo quiero)". La voluntad de Dios puede o no coincidir con su propia voluntad. Por tanto las personas que no establecen un real orden de Dios tienden a hacer una buena acción hoy y según las circunstancias todo lo contrario mañana.

Muchos albergan la ilusión de que alcanzarán la bendición con una vida desordenada, éstos quieren a Dios por momentos, piden proactivamente cosas materiales más que espirituales y cuando son favorecidos, de manera inequívoca ya no tienen tiempo ni para ellos mismos. No saben ni siquiera que es lo que quieren, viven de fracasos en fracasos e incluso estos han sido favorecidos con empleos formidables, pero por sus conductas han prescindido de ellos y en caso de trabajar en algún ministerio sus iglesias han llegado a un estancamiento.

Cuando no se tiene un orden divino o más bien una dirección espiritual real y precisa estará limitado y sus pensamientos lo someterán a acomodarse al mal uso de la tradicional frase "Dios lo ha permitido", en vez de asumir su propia responsabilidad. Tales personas pueden ser comparadas con los que han estado mucho tiempo en prisión: son respetuosos, dicen lo que creen que uno quiere escuchar. Lo qué más quieren es evitar otra paliza si se descubre lo que piensan, aunque soportarían otra si tienen que hacerlo. Estos han perdido su hombría y no hay forma de averiguar lo que realmente piensan.

Los que no han establecido el orden de Dios se ven desorientados, han perdido el interés por las cosas espirituales y cuando están mal económicamente o están pasando por un proceso o hecho lamentable, lo ves metidos de cabeza en la iglesia orando y ayunado para que su bendición sea restaurada, y luego de recibirla vuelven a su indiferencia. Definitivamente estos no están preparados para administrar la bendición solicitada

LA TRISTE REALIDAD

Desde que conocemos al Señor Jesucristo muchas interrogantes tocan nuestras vidas, ¿qué quiero ser?, ¿qué me conviene?, no sé qué hacer, el trabajo, los estudios, mi familia entre otras cosas. Son estás las interrogantes diarias que son la base para la toma de las decisiones de la vida cristiana, pero la gente quiere que sea Dios que le dé esas respuesta, o más bien que él con su soberano poder se les personifique.

Nunca olvide que Jesucristo respetará el libre albedrío, su decisión cuenta, pero no pida a Dios una respuesta cuando ya usted tiene la suya.

La mayoría de las personas exitosas no sueñan sueños, sueñan realidades y han comprendido que si Dios es primero tienen garantizada la victoria. De forma automática e irresponsable se tiende a leer el texto bíblico, "… hágase tu voluntad, como en el cielo, así también en la tierra" (Lucas 11:2) cada vez que algo no ha salido como se ha querido y más aún cuando no se está conforme con una respuesta de Dios.

Darle prioridad al Señor le mantendrá en el camino, sobre todo cuando las circunstancias sean difíciles.

Hoy en día es más fácil ir a un centro de predicación o esperar que alguien lleno del poder del Espíritu Santo nos diga que hacer o que nos aliente con mensajes como: "viva bien", "mentalízate, Cristo quiere que seas rico", "Dale tu dinero a Dios y él te devolverá por mucho". Sin comprender que la prioridad del evangelio no es poseer lo material sino lo espiritual, por tanto los mensajes de dirección a la salvación como; Cristo viene, el infierno, el arrepentimiento, la santidad y el fin se acerca no es la prioridad de estas personas.

EL OLVIDO

El secreto del fracaso espiritual radica en olvidar los favores recibidos y creerse que han ganado el éxito gracias a sus propios méritos. Olvidarse parcialmente de Dios es fruto de la ignorancia procesada por los demonios haciéndonos creer que Dios puede esperar para así justificar que se tiene una vida socialmente activa. No puede explicarse fácilmente este dispositivo mental que desarmoniza una vida cautiva a la palabra de Dios para dedicarla al mundo. Pero no todos caen rendidos ante la fastuosidad que el mundo ofrece.

SEPÁRESE DEL MUNDO

Algunos creerán que separarse de los que no tiene propósitos es ser extremista o religioso y que demuestra falta de amor. Otros se preguntaran ¿por qué debo dejar mis amigos o alejarme de los fríos e insensibles? me parece que puedo hacer mucho bien ayudándolos y si me alejo no podré ayudarlos.

Usted no debe permitirse quedar atado y encadenado por hechura humana.

No deberíamos poner las cosas materiales por encima del Señor. Él debe tener el primer lugar. El Señor Jesús dijo: «Si me amáis, guardad mis mandamientos. El que tiene mis mandamientos y los guarda, ése es el que me ama (Juan. 14:15, 21) Lo más conveniente para alcanzar este principio es crear una relación de intimidad. Esta intimidad le llevará a establecer un único orden: "Encomienda a Jehová tu camino, y confía en él; y él hará."(Salmos 37:5)

Buscar primero el reino de Dios y su Justicia, es lo que activará la cosecha de grandes exitos ministeriales.

Establece tu orden y ven gobierna mi casa, toma mi corazón siéntate a reinar, te declaro Señor y dueño de mi vida, establece tu orden quiero hacer tu voluntad.

PERSIS MELO, ADORADORA DOMINICANA

Una vez establecido el orden de Dios en su vida, será usted quien lleve la mayor voz cantante entre muchos y ejercerá el control necesario en su vida y ministerio. Cuando lo logre tendrá una victoria asegurada, será más influyente y la gente comprenderá que usted es la mujer o el hombre de Dios para este tiempo. Si tiene esa decisión será el origen de una fuerza que todos en su alrededor van a percibir.

CONFRONTACIÓN

!!Oh almas adúlteras! ¿No sabéis que la amistad del mundo es enemistad contra Dios? Cualquiera, pues, que quiera ser amigo del mundo, se constituye enemigo de Dios.

APÓSTOL SANTIAGO EN SANTIAGO, 4:4

DESPUÉS ¿QUÉ?

"Más el Dios de toda gracia, que nos llamó a su gloria eterna en Jesucristo, después que hayáis padecido un poco de tiempo, él mismo os perfeccione, afirme, fortalezca y establezca" Esta es una evidencia de que en Dios se tiene un orden,. Aquellas palabras son una prueba tangible de como Dios quiere llevarnos a la estatura del varón perfecto.

Propóngase querer en cada momento la presencia, subir esos escalones, tener dones, iniciar el amor por la oración y el ayuno a buscar el rostro de Dios, alejándose de todo lo que le impida una intimidad con él. No se conforme con lo que ha alcanzado, quiera más. Cuando se entra en intimidad se adquiere certeza de lo que se habla, de lo que se vive y de lo que se ministra. Esta es la clave para subir de nivel.

Para algunos, la idea de establecer el orden de Dios es nuestras vidas ya nos hace inmune el pecado, pero no es así, resultaría una mentira si afirmara que por el hecho de aceptar a Cristo ya llegamos. "Por tanto, nosotros también, teniendo en derredor nuestro tan grande nube de testigos, despojémonos de todo peso y del pecado que nos asedia, y corramos con paciencia la carrera que tenemos por delante" "el cual por el gozo puesto delante de él sufrió la cruz, menospreciando el oprobio, y se sentó a la diestra del trono de Dios. (Hebreos 12:1)

Es un tiempo precioso para pedirle humildad a Dios, para poder aceptar sin tapujos ni cuestionamientos su voluntad, sobre todo en los momentos difíciles y vulnerables. Sea sincero en aceptar que él trabaje en usted cual médico que examina y escudriña al paciente, deje que de una vez por todas Jesucristo dirija; su vida, sus pensamientos, palabras y acciones. Llegó la hora para poner su vida en sus manos.

AUTORIDAD

Por Jehová son ordenados los pasos del hombre, y él aprueba su camino.

REY DAVID EN SALMOS, 37:23

PRINCIPIO Nº
16

PAGUE EL PRECIO QUE TENGA QUE PAGAR

Aquello que no es exigido a nadie le será exigido a usted: soledad, persecución, afrenta, renuncia y escases. Recuerde que la excelencia siempre es depositada diariamente en vasos de barro.

NO ES COMO SE VE

Estaba en un centro comercial de la ciudad comprando un cargador para mi móvil, eran como las 6:30 p.m., cuando alguien se me acerca y expresa con una segunda intención:

– Dios le bendiga pastor, ¿cómo está usted?,
Sin mucho afán simplemente respondí
– Amén y ¿usted? !! mientras seguía buscando el cargador.
– ¡Muy bien! y más ahora que lo veo. Vi las fotos de la iglesia en la redes sociales y de verdad qué buena vida la suya; un pastor que viaja, una iglesia con todos las necesidades cubiertas, una esposa extranjera y un buen empleo. Cuando sea grande quiero ser como usted.

Mientras él hablaba me di cuenta de sus intenciones, examiné cada palabra cual patólogo haciendo una autopsia a un cadáver. Trate de buscar respuestas sensatas que no ofendieran a mi interlocutor. Sin embargo las palabras llegaron cual agua a un incendio y le dije:

– Querido hermano ser pastor no es sinónimo de riquezas, buena vida, carros lujosos, viajes y buen trabajo; ser pastor es sinónimo de lucha, arduo trabajo, sacrificios, decepciones, soledad, valentía, sobrevivencia, humillaciones, desprecio, utilización y acusaciones falsas y no te imaginas a la cantidad de personas que hemos ayudado, no sólo en lo económico sino entregándoles parte del corazón y al final nunca se devuelven para agradecer. En otros casos los acompañas en los momentos difíciles y al momento de corregirlos el pago que recibes es que salen de tu lado para congregarse a otra iglesia.

También ser Pastor es sinónimo de renunciar a muchas comodidades físicas y emocionales, es sacrificarse por otros, es no tener vida privada, es no dormir tranquilo, pues siempre se está pendiente a las ovejas, con el fin de agradar a Jesucristo que vio en nosotros la vocación, el talento y el servicio para su obra.

PAGAR EL PRECIO

Ningún ministerio ha crecido sin sufrir poderosas obstrucciones, sufrimiento que en vez de alejarnos de Dios, nos acercan y nos hacen más poderosos en la aplicación de la palabra. La oportunidad de ser elegido por Dios para cumplir una tarea espiritual cautiva a la gente y la hace desear también ser elegido, pero una vez que se desea, es cuando inicia el pago por servir a Jesucristo.

Antes de llegar a un convencimiento pleno de nuestros propósitos y los beneficios de obedecer a Dios existe una angustia momentánea y natural que nos aborda a la hora de elegir a Dios antes que a los hombres. Pablo es claro cuando le escribe a Timoteo al decirle; sufre penalidades como buen soldado de Jesucristo y sobre todo le recuerda que ninguno que milita se enreda en los negocios de la vida, a fin de agradar a aquel que lo tomó por soldado (2 Timoteo 2:3-4)

¿Qué son penalidades? Son molestias, sufrimientos, trabajos, males, dificultades, inconveniencias, contratiempos. Ataques personales. Es decir ser un soldado implica que usted no se enredará en los afanes de la vida sino que servirá primero a Dios antes que los hombres. La mayoría de las debilidades se generan desde el instante mismo que deseamos alejarnos del mundo. A medida que se va creciendo, los deseos de la carne, los deseos de los ojos, y la vanagloria de la vida pueden reprimirse, aunque nunca desaparecen.

(1 Pedro 2:20-23). Dice: "Pues ¿qué gloria es, si pecando sois abofeteados y lo soportáis? Más si haciendo lo bueno sufrís, y lo soportáis, esto ciertamente es aprobado delante de Dios. Pues para esto fuisteis llamados; porque también Cristo padeció por nosotros, dejándonos ejemplo, para que sigáis sus pisadas; el cual no hizo pecado, ni se halló engaño en su boca; quien cuando le maldecían, no respondía con maldición; cuando padecía, no amenazaba, sino encomendaba la causa al que juzga justamente"

Los predicadores de hoy en día quieren resultados sostenibles, pero pocos están dispuestos a pagar el precio para ver esos resultados.

Comprenda que toda persona que sigue a Cristo entra a una guerra espiritual constante, lucha contra el dios de este mundo, pero dichas guerras no necesariamente dependen de la cantidad de sufrimiento que venga sobre usted. Muchos de sus allegados no comprenderán su cambio de actitud al apartarse de ellos. Su familia, sus amigos, su entorno y hasta los llamados cristianos fieles, querrán desacelerar su paso.

Tendrá que guardar silencio y dejar que sea Dios que entre en esos corazones para que puedan comprender su estatus espiritual ha cambiado. Pagar un precio es tener una vida diferente.

"No os ha sobrevenido ninguna tentación que no sea humana; pero fiel es Dios, que no os dejará ser tentados más de lo que podéis resistir, sino que dará también juntamente con la tentación la salida, para que podáis soportar".

APÓSTOL PABLO EN CORINTIOS, 10:13

CONDICIONES DE PAGO

Negarse a sí mismo, es dejar las comodidades que ofrece el mundo, los placeres y la rutina a la que somos sometidos para sobrevivir. Aprender a pagar el precio exige en el cristiano, una renuncia a la cotidianidad del diario vivir a un cambio de mentalidad. Además requiere esfuerzos y un fundamento eficiente en la Biblia, en la oración y en la aceptación de cuál es su llamado, para así no desviarse del propósito ya que el desánimo estará ahí sin usted buscarlo y en muchas ocasiones aparecen a través de alguien. Cuando se aprende a pagar el precio usted tendrá dominio de cada situación que se le presente, pues su confianza a pesar de las adversidades estarán en la roca inconmovible que es Cristo.

Pagar el precio es tener la convicción de trabajar para el reino. "Yendo ellos, uno le dijo en el camino: Señor, te seguiré a donde quiera que vaya. Y le dijo Jesús: Las zorras tienen guaridas, y las aves de los cielos nidos; más el Hijo del Hombre no tiene dónde recostar la cabeza. (Lucas 9: 57) Una vez dicha esa palabra Jesús confirmó que se trataba de una ardua tarea.

La multitud en ese momento no comprendió a que se refería y sólo quería seguir a Jesús, Y dijo a otro: Sígueme. Él le dijo: Señor, déjame que primero vaya y entierre a mi padre Jesús le dijo: Deja que los muertos entierren a sus muertos; y tú ve, y anuncia el reino de Dios. Se imagina el silencio, ¿qué no entierre a mi padre?. Qué palabra más aterradora, cuando la gente todavía no es capaz de enfrentar la muerte y más de un ser cercano y querido.

Jesús quería en este momento hacerles entender a los discípulos la verdad básica en lo referente a seguirlo: una vez que es seguidor los asuntos no espirituales no tienen prioridad, aquí Jesús resalta es la importancia de predicar el reino de Dios por sobre todas las cosas que parecen importantes. Luego otro dijo: Te seguiré, pero déjame que me despida primero de los que están en mi casa. Pero Jesús le dijo: con esa serenidad que lo caracterizaba "Ninguno que poniendo su mano en el arado mira hacia atrás, es apto para el reino de Dios" (Lucas 9:62)

Aprenda la lección: una vez que se paga el precio manténgase bajo la dirección del Espíritu Santo. Tenga especial cuidado de no dejarse engañar por voces que le dirán que es fanático o un religioso.

No temas en nada lo que vas a padecer. He aquí, el diablo echará a algunos de vosotros en la cárcel, para que seáis probados, y tendréis tribulación por diez días. Sé fiel hasta la muerte, y yo te daré la corona de la vida.

APOCALIPSIS, 2:10

Pagar el precio tiene grandes ventajas espirituales y terrenales, pues Dios siempre estará puesto a escuchar un corazón humillado, "Bienaventurados a quienes os vituperen por causa de mi nombre, bienaventurados pues hay un galardón.

No subestime el poder de Satanás. Se filtra discretamente como un ratón, pero tiene las mandíbulas de un león.

¿QUIERE SER UN HOMBRE O UNA MUJER DE DIOS?

Prepárese para recibir soledad, persecución, burla, renuncia, escases, penuria. Pero la excelencia siempre diariamente será depositada en vasos de barro. Ese es el precio, entender que la gloria siempre será de Dios. Quizá el precio a pagar será muy doloroso y en ocasiones querrá renunciar, pero no se dé por vencido, ¡Siga Luchando! el resultado será favorable y le hará olvidar las dificultades.

La mayoría de nosotros queremos ver en nuestra vida grandes resultados, pero pocos están dispuestos a pagar el precio para ver esos resultados que tanto anhelamos.

ENRIQUE MONTERROZA, ESCRITOR SALVADOREÑO

ALGO QUE VIENE POR DEFECTO

Cuando usted está más cerca de Dios, entonces comprende lo que conlleva ese acercamiento. Por gravedad usted deseará más las cosas espirituales que las carnales y querrá hacer más tesoros en el cielo. Entenderá que la tierra es para pasar por ella con el objetivo es vivir al lado del GRAN YO SOY.

PRINCIPIO N°
17

NO DEJES PARA MAÑANA
SI PUEDE ADORAR HOY

Una adoración sincera y de corazón hace fluir el Espíritu Santo dentro de usted. Adorar a Dios abre puertas y hace que el entorno sea transformado.

NO TENGO DESEOS DE ADORAR

Muchas veces atravesamos por momentos de dificultades en nuestro andar diario, aunque haya oscuridad, confusión, tristeza y decaimiento, estos estados nacen de los acontecimientos mismos de la vida; una enfermedad, la muerte de un ser querido, una desgracia familiar. En otras ocasiones se tratan de oscuridades interiores, pruebas, decaimiento y quebrantos espirituales. Ante estas situaciones humanas tan complejas, el gesto más representativo es pensar que Dios se ha olvidado, pues siempre se cree que Dios está para respondernos antes de pedirles las cosas.

De este modo no se trata de abandonar el camino durante cualquier situación extraña que suceda, sino más bien es entender que Jesús está de su lado en el momento preciso. Aunque es probable que la desesperación no le permita adorar y exaltar a quien puede darle la respuesta, esta acción es reflejada por las influencias del entorno que dictan que Dios está para resolver todos sus problemas humanos y si no lo hace, la desesperación le hará dudar su amor hacia usted. El gesto más representativo del ser humano es alejarse por sentirse abandonado, es en esos momentos que una adoración sincera vale más que un cargamento de obras superficiales.

POR QUÉ ADORAR

En unas de las visitas a mi odontóloga, llegué a media mañana bajo un calor asfixiante, con una temperatura de casi 35 grados. Me hizo sentar en un banco corto y pulido por el uso, frente a todas esas maquinitas, ella también se sentó. Era una mujer temerosa de Dios. Tenía en las paredes del consultorio diferentes textos bíblicos. Ya preparado para trabajarme la dentadura tomó el contrángulo (la famosa máquina que emite el sonidito que hace que la piel se erice y nos ponga cara de terror) y al encenderlo me dijo:

— Pastor llegó justo a tiempo, hoy me toca a mí hablar, así que no hay mejor momento que este, así no podrá hablar y soló escuchará.
Mientras que me hablaba el sonido del contrágulo aumentaba.
— Tomaré este tiempo para decirle que no importa lo que haya pasado en su vida, sé que las cosas por las que entristecieron le harán reír. Si las cosas no salieron como querías, o como las había soñado, es porque Dios le dará cosas grandiosas sin importar lo que el enemigo ponga en el camino, él se va a manifestar en su vida de una manera extraordinaria. Vi sus videos en YouTube y verdaderamente estás diferente, Dios le está usando mucho y él ha cambiado hasta su forma de hablar y de expresarse ¿qué hizo?
Tumbado boca arriba, miraba sus ojos y disimulaba mi impaciencia. Ella seguía con su trabajo e hizo una pausa para escuchar mi respuesta.
—¿Recuerdas doctora cuando me dijiste es importante orar, pero que ademas adorar era lo que mantenía a David más cerca de Dios? Pues en mis momentos de tristeza de confusión fue en lo que me emplee, una adoración sincera para hace cambiar la atmósfera y el entorno.
—¿Lo recuerdas? Dijo sí, con una sonrisa de paz.
Luego de darle esa respuesta, ella no quiso seguir preguntándome, pareciera que si decía algo más dañaría el momento.

Al final del trabajo con la dentadura, se acercó a mí, al tiempo que murmuraba:

—Dios le guarde, pastor.

Aquellas palabras cargadas de amor y de motivaciones, me hicieron salir de ese lugar con determinación a seguir adorando cueste lo que cueste.

Así que, ofrezcamos siempre a Dios, por medio de él, sacrificio de alabanza, es decir, fruto de labios que confiesan su nombre.

HEBREOS 13:15

Él conoce nuestra necesidad y nuestra alma llena de tristezas. ¡Pero Él perdona!, Perdona nuestros errores sin que podamos comprender su misericordia y cambia nuestro corazón de piedra en corazón de carne.

ADORAR EN TIEMPOS DIFÍCILES

La adoración durante una crisis o conflicto puede ser muy difícil, el panorama a nuestro alrededor se vuelve sombrío y triste. Todo nos sale mal y vienen problemas que nos roban la calma y la paz. En esos momentos es normal que la negación a adorar se apodere de usted. Pensara que mientras más le adore mas solo podrá sentirse.

Hay un principio y es que antes de Dios llevarlo a la tierra prometida primero le llevará al desierto para que le adore. De hecho ser llevado al desierto es cuando podrá entender que en esas circunstancias podrá apreciar su mano poderosa de proporcionándole la victoria.

La adoración suele ser, en efecto, una estrategia de poder, que vence las maquinaciones del enemigo. Sin embargo una adoración sincera, con entrega directamente del corazón hará fluir al Espíritu Santo de una forma sobrenatural dentro de usted y se comenzará a liberar una unción extraordinaria que le hará sentir que esta en los mismos pies de Jesucristo, al adorar de esa manera, recibirá el beneficio de percibir como la atmofera va cambiando así como tambien sentirá cuando los demonios se van a alejando y de como su corazón se va regocijando.

La apatía pone obstáculos en el camino, mientras la adoración genera respuestas espirituales

---

Una vez que usted haya comprendido el poder de la adoración, comprobará que es esencial en el ser humano estar constantemente en esta acción. Todos tenemos nuestras debilidades, y nuestros esfuerzos nunca son perfectos. Pero cuando entramos en acción con adoración causa el efecto asombroso de sentirnos seguros de la presencia de Dios. Los grandes adoradores y compositores saben que, cuanto más se adora a Dios, tanto más convincente resultará.

ADORACIÓN GENUINA

Primer principio. La adoración determinará su victoria. Al adorar sentirá el poder sobrenatural del Espíritu Santo operando en usted.

Segundo principio. Las circunstancias no deben limitar su adoración. Sin importar qué esté sucediendo en su alrededor hay que adorarle. Recuerde siempre habrá un motivo para hacerlo y reconocer sus maravillas.

Tercer principio. La adoración desata lo profético, trae respuestas, trae una comunicación directa sin intermediarios.

La vida de un adorador es diferente, pues el reconocimiento de la exaltación está en un corazón adorador, un adorador es capaz de aceptar los preceptos que Dios tiene para él.

Cuarto principio. Dios siempre vendrá al encuentro de un adorador. Esto funciona cuando se le honra. El viene y se manifiesta poderosamente.

Quinto principio. La adoración desata la unción de sanidad, santidad y reconocimientos. Donde está el Espíritu de Dios ahí siempre hay libertad.

Existen dos armas poderosas que nos permiten obtener la victoria; la oración y la adoración. Dicen que también la alabanza es un arma de ese tipo, pero es necesario emplearlas todas a la vez para obtener excelentes resultados.

La adoración le otorga intimidad y lo bendecirá. El tímido se confunde con los problemas y en el silencio, mientras que el adorador llama la atención, y lo que llama la atención atrae el poder. Al emplear la adoración, al diablo le resulta fatal pues hace que los demonios se alejen de su lado .

ADORACIÓN CON RESPALDO

Y sucederá que cuando hagan sonar prolongadamente el cuerno de carnero, cuando oigáis el sonido de la corneta, todo el pueblo gritará a gran voz, y el muro de la ciudad se derrumbará.

EL ÁNGEL DE JEHOVÁ HABLANDO A JOSUÉ
EN JOSUÉ 6:5

PARA CREER

Comience a adorar en forma pausada, serena y tranquila, luego según pasen los minutos aplique más entrega, más pasión y tendrá la seguridad de sentir algo más que un escalofrió, sentirá una real presencia de Dios. Por lo tanto, cualquiera que sea la forma, de usted adorar si no viene con un corazón transformado, la adoración no tendrá sentido.

CONFIRMACIÓN

Jesús le dijo:

—Mujer, créeme, que la hora viene cuando ni en este monte ni en Jerusalén adoraréis al Padre. Vosotros adoráis lo que no sabéis; nosotros adoramos lo que sabemos; porque la salvación viene de los judíos.

Jesús predicándole a la mujer samaritana tratando de romper las diferencias culturales entre judíos y samaritanos. Dijo pues:

—Más la hora viene, y ahora es, cuando los verdaderos adoradores adorarán al Padre en espíritu y en verdad; porque también el Padre tales adoradores busca que le adoren.

Dios es Espíritu; y los que le adoran, en espíritu y en verdad es necesario que adoren.

EVANGELIO DE JUAN 4:21-24

Yo los he creado para que me adoren y me canten alabanzas

ISAÍAS 43:7 (TRADUCCIÓN EN LENGUAJE ACTUAL)

PRINCIPIO N°
18

SAQUE LOS RESIDUOS DE SU CORAZÓN A TODA COSTA, SIN IMPORTAR EL PRECIO

Los residuos no le permiten avanzar, ellos estancan la manifestación plena de Dios, están dentro de usted y en cada momento saldrán a relucir su concupiscencia.

LOS RESIDUOS

Los residuos son todos los desechos que producimos en nuestras actividades diarias, y de los que nos tenemos que desprender porque han perdido su valor. En el termino cristiano podríamos decir que los residuos espirituales son los desechos del pecado ya confesado que se necesita ser eliminado de una vez y por todas. Son por así decirlo pequeñas aberturas dejadas en el corazón que les dan legalidad a Satanás en forma de zorras pequeñas para que entren y hagan nido en él. Estos hacen que usted no vea el poder de Dios, poniendo en evidencia sus debilidades, nublando y quitando la unción de oír y moverse en lo sobrenatural, además este cúmulo de residuos neutralizan las bendiciones y el destino profético que Dios le ha encomendado, provocando diferentes situaciones en la vida:

Primero: Satanás se goza porque él no sólo está deteniendo lo que se ha declarado sobre usted, sino a una generación que sigue lo que a usted se le ha declarado.

Segundo: Satanás hace fiesta por que él está deteniendo un liderazgo, captando su atención para lograr desviarlo del camino y retrasar su progreso espiritual.

Tercero: Satanás querrá detener a una persona que tiene proyectos confirmados por Dios que serán el ímpetu de la manifestación de la Gloria de Dios.

Cuarto: Satanás detiene una riqueza que Dios soltó en el aire.

Quinto: Satanás es experto deteniendo su avance espiritual con distracciones que tientan a mirarlo a él en vez de poner la vista en Jesús.

Al sacar los residuos entenderá: que Dios no le citó para ser derrotado, ni para ser la vergüenza del reino, le llamo para ser su representante. Recuerde que un representante es aquel que tiene la autoridad del reino que lo envía, y usted podrá caminar confiando sin que nadie dude de su labor. En el libro de Lucas 6:46 lo refiere de la siguiente manera: No es buen árbol el que da malos frutos, ni árbol malo el que da buen fruto. Porque cada árbol se conoce por su fruto; pues no se cosechan higos de los espinos, ni de las zarzas se recolectan uvas. El hombre bueno, del buen tesoro de su corazón saca lo bueno; y el hombre malo, del mal tesoro de su corazón saca lo malo; porque de la abundancia del corazón habla la boca.

Si usted deja que los residuos manejen sus bendiciones perderá su enfoque en Jesucristo y en lo que él quiere darle

SACAR LOS RESIDUOS

El Sermón del Monte representa la esencia del evangelio, es pura doctrina, principios y enseñanzas cristianas y puede ser entendido como una base fundamental para vivir de acuerdo a la manifestación de Jesucristo en nuestros corazones, es pues la referencia de la abundancia del corazón y nos indica que los residuos que puede tener alguien, algún día o momento lo manifestará si estos no son barridos y o sacados. Pues estos ocupan mucho espacio valioso dentro de su corazón, por lo que las cosas nuevas que llegan a su vida no pueden entrar ni quedarse porque usted tiene ese lugar lleno de residuos innecesarios.

Si usted quiere conocer a una persona tiene que escucharla hablar, porque tarde o temprano manifestará sus intenciones y pensamientos "Pero lo que sale de la boca, del corazón sale; y esto contamina al hombre. Porque del corazón salen los malos pensamientos, los homicidios, los adulterios, las fornicaciones, los hurtos, los falsos testimonios, las blasfemias. Estas cosas son las que contaminan al hombre.

Alguien enamorado podría pasar horas y horas hablando de su ilusión, El avaro habla de dinero, el ambicioso de grandes proyectos, el triste de su depresión, el enfermo de su enfermedad, el chismoso de la gente, el rencoroso de su pasado, y es ahí donde el enemigo toma ventaja mediante esos residuos, entrando en la mente con filosofías apartadas a la realidad. Pues estos se van acumulando hasta dejarlo sin deseos de adorar. Alejan al ser humano de la persona de Dios, ganando terreno en la mente y en el cuerpo del individuo, dominándolo y oprimiéndolo con los recuerdos de los placeres del mundo que una vez fueron desechados reviviéndolos en su memoria, teniendo manifestaciones como; mentiras, chisme, difamación, lujurias, blasfemias, pornografía, depresión y crisis emocional.

Sus pecados no confesados o guardados pensando que nació así y que no cambiará se convertirán en sus enemigos y se unirán para destruir su vida y no podrá levantarse. En sus intentos por ocultarlos estos se revelarán en su contra hasta que inevitablemente le hagan caer.

Una persona con residuos no alcanza la unción ni el poder que Dios quiere otorgarle.

LA RENUNCIA

La razón por la cual hay que sacar este mal es que estos residuos espirituales son pequeñas partículas alojadas en la vida que no le han permitido al Espíritu Santo obrar y barrer, estos surgen de las actividades humanas y son los que hacen decir: ¡Señor te necesito! pero no le permiten dar el paso para buscarlo, ni le permiten ser fiel, quitan la unción sobrenatural y retrasan los decretos que Dios le ha dado.

Las personas con residuos no aceptan corrección y si son corregidos por la palabra te dicen que las estas juzgando.

La esencia de este principio es la capacidad de reconocer a tiempo cómo nuestra mente está siendo afectada por este mal, de lograr esto, la reacción y la llenura del Espíritu Santo será diferente en todos los aspectos. Cuando logre que su corazón sólo hable y manifieste lo de Dios, pronto controlará la situación y estará preparado para alcanzar los que otros no han alcanzado con tantos años en el evangelio.

Usted deberá aprender a dominar sus emociones y a no actuar nunca bajo la influencia de lo que antes su corazón abundaba o maquinaba; pero, mientras tanto deberá vivir una vida en santidad.

Analice de qué manera proverbios 26:11, puede influir en su vida "como perro que vuelve a su vómito, Así es el necio que repite su necedad". Son personas liberadas y otra vez realizan los pecados ya quitados.

El perro vuelve a su vómito, y la puerca lavada a revolcarse en el cieno.

APÓSTOL PEDRO, 2 PEDRO, 2:22

Dicen los doctores que si dejan acumular residuos en los riñones, estos se convertirán en placas, esas placas se convertirán en cálculos o en piedras que al final se tornaría difícil y doloroso de extirpar. Hay que sacar día a día esos residuos para poder alcanzar la perfección en Dios.

Estamos llamados a sacar los residuos, los mismos que causan daño, que se reflejan en estancamiento. Toda persona que ha tenido una vida de acumulación de residuos, debe renunciar a ellos en el nombre del Señor Jesucristo y cerrar toda puerta al mundo espiritual de maldad. Lo que siempre debemos tener presente es que en Jesucristo tenemos asegurada la victoria.

Cuando hay residuos producto del pecado no confesado, se manifiestan de una u otra formas, Sin embargo, poco a poco su entrega a Dios va creciendo a la medida que va renunciando.

Jesús es quien nos hace libre y nos permite permanecer en la condición de libertad.

LA VERDADERA CONVERSIÓN

Puede la gente convertirse pero no arrepentirse. La conversión es la trasformación latente del cambio que se espera al aceptar a Cristo. En otros casos muchos llegan al punto de arrepentirse pero no siempre se convierten, usted no debe en ningún caso ser parte de los que siempre están pecando por lo mismo. Recuerde; los residuos se barren convirtiéndose, no basta con sólo arrepentirse y tener un nuevo estilo de vida.

PRINCIPIO N°
19

ACTIVE EL LENGUAJE DE LA FE

Sin fe es imposible agradar a Dios y el ser humano conoce que es así, pero muchos únicamente lo dicen de boca pero no son capaces de aplicarlo. Si activa su Fe, la gente a su alrededor notará que usted se mueve en lo sobrenatural y que tiene siempre una victoria asegurada y la sensación de control en su vida.

¿DÓNDE ESTÁ SU FE?

Hoy en día a las personas les preguntas ¿cómo está la Fe? sin medir palabras responden "creciendo", "como un cañón", "grande" o "en victoria". En pocas ocasiones la gente dice pequeña, pero la mayoría de las veces "la FE no es grande como se expresa, sino una maquinación mental devorada por el deseo de querer alcanzar algo que se cree que se logrará a base de la fuerza de la palabra y no más bien por la búsqueda contaste de creer lo que no se ve.

Las personas sin lugar a dudas desean hacer cosas en Fe, pero verdaderamente no conocen este lenguaje y de forma exclusiva se concentran en lo que quieren en el momento y no analizan si conviene o no. Sin embargo, como parte de ese proceso de Fe, el primer paso es creer sin retroceder. Para muchos de nosotros con el solo hecho de poner un pie en el agua ya es un paso de Fe. Todo el mundo tiene sus inseguridades en cuando a pedirle a Dios y de ahí surgen esas preguntas internas, ¿podré?, ¿me lo dará?, ¿vale la pena insistir?, ¿llegaré?, ¿me escuchará? y esas interrogantes son las que se interponen para no pedir, haciendo que nos quedemos con las dudas de que pasaría si lo hubiese pedido.

En fe todo es cuestión de creer.

Unos de los textos bíblicos más leídos en materia de fe está en el libro de Hebreos capítulo 11, el escritor da una cátedra detallada de la fe, haciendo comprender una fe certera.

No daré una definición teológica de fe, sino una observación de la manifestación práctica de ella. El término se usa veinticuatro veces en este capítulo y la idea primaria del antiguo testamento es "fidelidad" o "confiabilidad". Esto es lo opuesto a la apostasía. La fe es la repuesta humana a la fidelidad de Dios y a sus promesas; sin fe es imposible agradar a Dios, es necesario que el que se acerca a él crea que el existe y que es galardonador de los que le buscan.

CON FE O SIN FE

Jesús hizo a sus discípulos entrar en la barca e ir delante de él a la otra ribera, entre tanto que él despedía a la multitud. Mientras los discípulos estaban en la barca, ésta estaba siendo azotada por las olas; porque el viento era contrario. Mas a la cuarta vigilia de la noche, Jesús vino a ellos andando sobre el mar, los discípulos, viéndole andar sobre el mar, se turbaron, diciendo: !!Un fantasma! Y dieron voces de miedo. Jesús les habló, diciendo: !!Tened ánimo; yo soy, no temáis!. Pedro, y dijo: Señor, si eres tú, manda que yo vaya a ti sobre las aguas. Y él dijo: Ven. Y descendiendo Pedro de la barca, andaba sobre las aguas para ir a Jesús. (Mateo 14:22-33)

Pedro creyó y dio el primer paso, estaba seguro de sí mismo, que podía alcanzar al maestro y esto constituyó un gran riesgo; ¿podré o no podré?. Mientras su mente se nublaba por las dudas comenzó a hundirse, este hundimiento fue un simple aviso de no aplicar una fe poderosa.

La inseguridad y la fragilidad anulan la fe.

Después de los discípulos ver el milagro de la alimentación de cinco mil personas, no había tiempo ni lugar a las dudas del poder de Dios, exclamar ¡sálvame maestro!, ¡sálvame que perezco! ¿Qué le paso al Apóstol Pedro?, ¿vio las olas?, ¿sintió el bramido del mar?, ¿se sintió lejos de la barca?, ¿fue escuchar el viento?, ¿o fue que su mente finita no creyó que estaba en ese instante rompiendo la ley de gravedad?. Lamentablemente Pedro perdió el enfoque que era Jesucristo. ¡Hombre de Poca Fe! ¿Por qué dudaste?.

La fe conecta todo el poder y
la suficiencia de Dios con nosotros

CREER SIN VER

Nada resulta más aterrador que vivir sin fe. Es por eso que la gente se asusta frente a los problemas y circunstancias, no se sabe cómo reaccionar y por más que se ore y se clame, ven sus esperanzas evaporarse. Tendemos a desesperarnos empleando la frase "no salgo de una".

El comportamiento humano sin fe, es predecible.
La fe sobrenatural le hará orar diferente.

Al caminar y activar el lenguaje de la fe, se aprende a poder ver lo invisible y saber qué es más importante, más valioso, más duradero y más real que todo aquello visible que le pueda parecer importante, y que le ocupa tanto tiempo. Para hablar y practicar el lenguaje de la fe se debe cambiar el vocabulario, y también es cuestión de dictarle a su conciencia que usted comenzó a creer y por ende dejará automáticamente los recursos humanos y entrará al cambio sobrenatural. Iniciará prácticamente el proceso de caminar sobre las aguas sin dudar, sin desmayar y sin perecer.

Se dice que tenemos cinco sentidos, el tacto, el olfato, el gusto, la vista y el oído, pero cuando esos sentidos se anulan entonces es el momento de encender el sexto la Fe. Cuando no pueda mirar; mire en fe, cuando no pueda hablar; hable en fe, cuando no pueda caminar; camine en fe, cuando no puedes oler; huela en fe y cuando no pueda agarrar; agarre en fe. Este sexto sentido por así decirlo modifica su comportamiento, le hace superar los límites humanos y la rutina. Sin embargo, la mayoría de las personas no activan la fe y solo desean que oren por ellos y no toman conciencia de su poder, sin hacer el más mínimo esfuerzo de que pueden hacerlo en el nombre de Jesucristo, además para muchos es mejor la comodidad de la rutina, "oren por mí", haciendo esto porque así no se exige esfuerzo creyendo erróneamente que serán escuchados más fácil con la intervención de una segunda y/o tercera persona.

Una persona que activa el leguaje de la fe despierta un cierto grado de confianza en Dios y en sí mismo.

EL PODER DE LA FE

Se necesita fe para la conversión de la familia, pero se necesita fe para vivir victoriosamente con una familia que no tiene a Cristo. Algunos tienen bienestar económico, y otros no encuentran empleo por meses. Es una victoria de fe vivir día tras día sin saber de dónde llegará nuestra próximo alimento. ¿Son derrotas? No. También es por fe. Estas también son grandes y gloriosas victorias de la fe, porque se está mirando lo invisible.

MOVIENDO LAS MONTAÑAS

Las pruebas son la evidencia palpable de la bendición que Dios tiene para su vida. Dios hará nada si usted dice que puede hacerlo. Él se va a introducir en su vida cuando usted deje los esfuerzos humanos.

La fe no niega su realidad pero la cambia! Lo que está dentro de usted es más grande que los que están afuera.

ANDRÉS CRUZ – PREDICADOR DOMINICANO

Pero teniendo el mismo espíritu de fe, conforme a lo que está escrito: Creí, por lo cual hablé, nosotros también creemos, por lo cual también hablamos.

APÓSTOL PABLO – CARTA A LOS CORINTIOS

LA FE ES VENCEDORA

Hijitos, vosotros sois de Dios, y los habéis vencido; porque mayor es el que está en vosotros, que el que está en el mundo.

1 Juan. 4:4

Porque todo lo que es nacido de Dios vence al mundo; y esta es la victoria que ha vencido al mundo, nuestra fe. ¿Quién es el que vence al mundo, sino el que cree que Jesús es el Hijo de Dios?

1 Juan. 5:4, 5

Sobre todo, tomad el escudo de la fe, con que podáis apagar todos los dardos de fuego del maligno.

Efesios 6:16

PRINCIPIO N°
20

LOS PROCESOS SON LA CATAPULTA QUE LO LLEVARÁN A ALCANZAR OTRO NIVEL ESPIRITUAL

Cuando usted sienta que momentos de debilidad, de tristeza y de depresión o una noticia desagradable le hagan sentirse débil, nunca se desaliente. Opte, en cambio, por sacarle el máximo provecho a su proceso, esto atormenta e irrita al enemigo. No le dé la satisfacción de rendirse y de darse por vencido. Al salir del proceso será más fuerte y comprenderá más el propósito de Dios.

A OTRO NIVEL

Si permite que el proceso se haga parte de su modo de vivir, usted perderá las metas por alcanzar, pero si en cambios usted desarrolla la confianza en el Señor haciendo de su palabra unas de las claves significativas para su éxito personal, ganará sobre toda circunstancia que se le presente. Manténgase por encima de las adversidades y obtendrá el poder que genera el Espíritu Santo cuando en él se confía. Romanos 8:18 dice: pues tengo por cierto que las aflicciones del tiempo presente no son comparables con la gloria venidera que en nosotros ha de manifestarse.

Tome esta palabra como un gran principio Bíblico: comprenda que el proceso es algo pasajero y será largo si usted se lo permite.

Las angustias que ocurren en la vida diaria son parte de los procesos que le harán alcanzar más a la presencia de Dios y con esto no se está diciendo que tiene que ser con dolor. En la vida pasamos por sufrimiento, dolor emocional, dolor físico, tentaciones, pérdida de familias, entre otras cosas y siempre la interrogante, ¿cuándo acabará este proceso?. Pablo escribe con un firme convencimiento de que ninguna fuerza, o acontecimiento impide disfrutar la bendición o gloria venidera que Dios tiene preparada para los que se mantienen firmes en sus promesas. Sin embargo, era tanto lo que Pablo quería explicar que vuelve a señalar en 2da Corintios 4:17 Porque esta leve tribulación momentánea produce en nosotros un cada vez más excelente y eterno peso de gloria; no mirando nosotros las cosas que se ven, sino las que no se ven; pues las cosas que se ven son temporales, pero las que no se ven son eternas. Antes de darse por vencido y comenzar a reclamar piense de qué manera puede usted ser bendecido en lugar de mentalizarse que va a sufrir la destrucción y la derrota. Cuando usted entra en el proceso se inicia una fuerte depresión y muchas veces se cree que Dios no está en ese momento. Con esa actitud se inhabilita el poder de Dios dándole mayor fuerza al poder de Satanás. ¿Cuántas veces se ha metido en cueva por un proceso en el cual no ve la salida?

Usted no debe guiarse de las cosas que la gente quiere que se guíe. Usted tiene que decirle a su espíritu que Dios tiene control sobre su casa, su cuerpo y sus finanzas. Cuando Dios le dice que será bendecido, Satanás levantará tormenta usando su boca para hablar lo que Dios no quiere.

PROCESOS; VÍCTIMAS DE LAS CIRCUNSTANCIAS

En su andar diario se encontrará con distintas clases de procesos que creerá son insuperables. La intimidad con Dios le dará las herramientas para poder distinguir entre un proceso buscado o uno surgido por las circunstancias. Si usted sabe diferenciarlos tendrá éxito en saber cómo orar y de cómo entender si es que Dios quiere que usted suelte algo que hace mucho ya no le pertenece. Pero si usted actúa ciegamente sin entender que el proceso por el cual usted mismo ha entrado por una desobediencia o por una circunstancia buscada, lo llevará a orar con mucha desesperación y su vida entrará en una etapa de constantes preocupaciones y problemas.

EL PROCESO BUSCADO

Aunque en principio usted dirá ¿cómo así un proceso buscado?. El enorme orgullo de este proceso es el que no hace cuestionar a Dios sobre ¿por qué?, ¿Qué paso?, ¿Qué hice mal?, ¿Por qué Dios lo permitió?. Usted podrá decirse: "Pero yo sólo estaba haciendo lo correcto".

Muchos no son tentados por el diablo,
ellos son los que tientan al diablo

El proceso buscado es principalmente por una desobediencia o por una desviación del mandato divino, así como también cuando el plan que Dios tiene para usted se ha dañado por sus deseos y caprichos. Dios le ha entregado grandes bendiciones, como pueden ser; un trabajo, una familia, un ministerio, una pareja, lo que sea y luego entra al proceso de perderlo por su propia culpa por no seguir los lineamientos de Dios. La verdad es que en la Biblia tenemos muchos ejemplos de personas que no prestaron la atención debida al consejo de Dios.

Hoy en día se entra al proceso buscado, por el poco interés que se tiene de prestar atención a la voz de Dios. Cuando ignoramos a Dios en esto, las perdidas serán muy grandes, ya que Dios por diferentes medios se nos da el consejo de cómo seguir los propósitos de Dios sin salirnos de la regla. No hay razón para culpar a Dios por las malas decisiones, de modo que no desperdicie su tiempo tratando de comprenderlo, es el momento de orar pidiendo restauración y misericordia, siendo consciente de que este proceso no vino por el diablo y sus demonios sino por sus malas decisiones.

EL PROCESO ENVIADO

Este es cuando el infierno y todas las huestes de maldad conspiran contra usted para que el propósito de Dios no se lleve a cabo en su vida. El enemigo lo atacará por donde más le duele con pequeños procesos que usted reprenderá y detectará a tiempo para luego recibir uno bastante grande que le hará flaquear. Las pruebas se tornarán más violentas y fuertes e incluso pensará que no saldrá de ese proceso.

Los que están metidos en intimidad con Dios son los que el diablo más ataca.

Al ser procesado es común sentir debilidad, cansancio por las constantes luchas y falta de esperanzas, pero estos también son los que producen el eterno peso de gloria, con este proceso pondrá la paciencia en función, hará sus cálculos y esperará. Luego, cuando salga del proceso tendrá un nivel espiritual muy fuerte que espantará demonios.

Por lo general en el proceso podrá ver y sentir más fuerte al Espíritu Santo, los misterios le serán revelados y Dios le explicará lo que ha sucedido. Cuídese de alejarse de Dios por el proceso.

PROCESO IGUAL A BENDICIÓN

Los procesos cumplen una función vital en nuestras vidas, siempre y cuando sean asimilados para producir cambios. En estos casos es ventajoso sacar provecho a toda prueba, circunstancia y proceso con toda la convicción de que pueda servir de testimonio personal de cómo se puede vencer y como se puede lograr a través de un proceso un acercamiento más íntimo con Dios.

Nunca enrede a una segunda persona en su proceso, pues encontrará muchas opiniones y en muy pocas excepciones la solución, pues algunos les ayudarán a orar y otros a hundirle. Cuando llegue el proceso sea, buscado o enviado, identifique por donde vendrá su bendición, esta técnica lo ayudará a ver el lado misericordioso de Dios y a comprender que somos probados como el oro. En la mayoría de los casos, los hombres y mujeres de Dios ven la tribulación como un momento pues, si lo vieran como eterno no podrían levantarse.

Convierta su proceso en un instrumento de bendición y sentirá una paz sobrenatural

---

PRINCIPIO CON PROPÓSITO I

Para poder sacar beneficios a los procesos y salir en victoria es necesario aprender a dominar las emociones. Pero aun cuando usted logre ese tipo de autocontrol, nunca podrá controlar las circunstancias del proceso, pero sí el nivel de fe y oración para salir de quienes lo rodean y ése es el mayor de los riesgos. La mayoría de la gente se maneja buscando ayuda para las circunstancias, reaccionando constantemente y procurando buscar por sus propios medios como salir del proceso calculando las decisiones humanas y no se enfilan en orar y en entrar en la voluntad de Dios.

Si usted sucumbe al proceso, poco a poco verá que su mente y su tiempo terminan absorbidos por los problemas.

Por otra parte, usted no puede mantenerse alejado de Dios culpándolo y averiguando el por qué, pues con eso sólo ofendería al Espíritu Santo. Por mucho que sienta la desesperación, nunca permita que el deseo de salir tan rápido vaya más allá de la voluntad de Dios. Esto le dará la oportunidad de estar en las alturas. El profeta Habacuc escribe en el capítulo 3:17 de un proceso como si se tratara de una devastación: "Aunque la higuera no florezca, Ni en las vides haya frutos, Aunque falte el producto del olivo, y los labrados no den mantenimiento, las ovejas sean quitadas de la redil y no haya vacas en los corrales; con todo yo me alegraré en Jehová y me gozaré en el Dios de mi salvación". Con estas palabras su intensión era plasmar en las escrituras que en todo proceso Jehová el Señor es la fortaleza.

Preservar su vida en oración y en integridad le ofrecerá opciones que le permitirán actuar en el momento oportuno, sabrá callar y cuando estalle un conflicto usted se sentirá fortalecido. Por último hay ocasiones en que no todo es un proceso, es cuestión de decisión y actitud, lo más sabio es saber discernir cuando le toca decidir a usted y no a Dios.

Y de igual manera el Espíritu nos ayuda en nuestra debilidad; pues qué hemos de pedir como conviene, no lo sabemos, pero el Espíritu mismo intercede por nosotros con gemidos indecibles. Mas el que escudriña los corazones sabe cuál es la intención del Espíritu, porque conforme a la voluntad de Dios intercede por los santos.

APÓSTOL PABLO A LOS ROMANOS 8:26-27

PRINCIPIO CON PROPÓSITO II

La sensación de que su proceso es el más grande y único es un error común que las personas comenten. En general procuramos justificar esa diferencia de distintas maneras: "estoy pasando por la prueba más grande del mundo", "¿de qué te quejas? mi proceso me tiene mal y el tuyo se resuelve fácil", "no es tan grande como el mío." y el más común: "no salgo de una, Dios se olvidó de mí", pero, más allá de lo que usted piensa si su confianza está en Dios cambiará ese lenguaje y se apegaría a Filipenses 4:13 Todo lo puede en Cristo me da fortaleza y ahí encontrará la base fundamental de la salida del proceso.

¿Por qué te abates, oh alma mía, Y te turbas dentro de mí? Espera en Dios; porque aún he de alabarle, Salvación mía y Dios mío.

REY DAVID – SALMOS 45:5

LA CLAVE DE LA VICTORIA

Ambos procesos el buscado y el enviado le harán fuerte si entiende que ambos le llevarán a alcanzar otros niveles en Dios. Aun así, la clave reside en mantener la tranquilidad sabiendo que su proceso es suyo y no de otros. Evite la tentación de estar divulgando a todos lo que está pasando en su vida. Conserve la discreción.

Sin pruebas a nuestro alrededor, nos volvemos perezosos. Un proceso que nos pisa los talones nos hace orar más, nos mantiene despiertos y atentos. Por eso, a veces, es mejor usar a los procesos como propósitos, en lugar de quejarnos del porqué.

Y que al final será mucho mejor lo que vendrá, es parte de un propósito y todo bien saldrá. Siempre has estado aquí tu palabra no ha fallado y nunca me has dejado descansa mi confianza sobre ti.

LILLY GOODMAN - CANTANTE DOMINICANA

PRINCIPIO N°
21

LA FÓRMULA CORRECTA

la forma de ver las cosas
A veces tienes que cambiar

CÁLCULOS CON LOS VALORES

La mayoría de las personas que aceptan a Cristo como salvador adoptan un patrón de conducta adquirido ya sea de sus iglesias o círculos que nada tiene que ver con la vida cristiana. Estos son dictámenes de orden dogmático y doctrinal que se hacen para preservar en cierto modo al que se está instruyendo en la vida cristiana, no obstante adoptar un solo patrón de enseñanza y conducta le estancará y se creerá que la verdad está en ese único grupo sin ver otras opciones.

El gran error humano es el de encasillar a Dios a una forma definida y de que él tiene un único plan para todo mundo, salvo en lo tocante a la salvación, al creer eso usted terminará convirtiéndose en un blanco de ataques y críticas. Acepte el hecho de que nada es absoluto y de que no existen las leyes fijas.

La mejor forma de crecer es mantenerse fluido y cambiante como el agua. Nunca apueste a la estabilidad ni a un orden perdurable. A medida que usted va creciendo espiritualmente deberá apoyarse cada vez menos en el pasado. Esté atento, para que entienda la manera en que Jesucristo le llama, no sea que la forma que adopte lo haga parecer una reliquia del pasado. Con esto no tratamos de imitar las modas de la juventud, algo igualmente grotesco.

Su mente debe adecuarse de manera constante a nuevas circunstancias e incluso al inevitable cambio que implica comprender que se ha llegado el momento de dar el paso a otros y permitirle que lleguen a donde usted no ha llegado.

DIFERENCIAS

En el evangelio existen esas diferencias grupales, los que cree usted, lo que creen unos y los que creen los otros. Sin embargo, las formas que creamos cambian de manera constante. La verdad es que muchas cosas no cambian, sino lo que cambia tu forma de ver las cosas .

Quienes ven las cosas siempre de un punto de vista diferente dejándose guiar por Jesucristo son a menudo personas que han demostrado enorme entrega y madurez. Dios le otorga poder porque ansían estar a la vanguardia del mover de Dios y no se conforman a este tiempo, sino que siempre están siendo transformados por medio de la renovación del entendimiento, comprobando cuál es la buena voluntad de Dios, que es única: agradable y perfecta. (Romanos 12:2)

¿Qué provecho obtienen las personas que nunca cambian nunca sus creencias y su forma de ver las cosas en la vida? El problema surge, cuando estos se confían en sí mismos, se tornan rutinarios: ya no sueñan con un mover, con una fresca unción, ni se dejan aconsejar por nadie, sus identidades están limitadas, su vida de oración se han congelado y su dureza los convierte en blancos fáciles de caer en doctrina de error. Se hacen predecibles, y nadie quiere estar con ellos y lo más penoso es que en lugar de atraer generan rechazo. Esto sin dudar, es pecado vanidoso un destructor del ministerio personal y de la relación con Cristo.

La actitud hacia la vida cambia si se aprende a ver las cosas de una forma diferente.

PATRONES MENTALES ESPIRITUALES

Para poder explotar el verdadero potencial espiritual que se nos ha otorgado debemos romper lo que se denomina "patrones mentales espirituales" que son rastros de una idea en su memoria que funcionan como una ley y que eso es lo que se tiene que hacer y para romper éstos se requiere entrar en constante búsqueda en el Señor. Ser cambiante en las formas que se adoptan no significa que se está saliendo de la sana doctrina. Es natural que muchas ideas propias y de otros hayan sido desechadas simplemente porque estas ideas van en contravía de lo establecido en los patrones mentales.

Es común sentir una clase de bloqueo cuando no alcanzamos lo que tanto anhelamos, es posiblemente porque usted ha estado atorado en un patrón mental. A lo largo de la historia del cristianismo encontramos personas que no crecieron espiritualmente y su patrón de pensamiento está arraigado desde su nacimiento cristiano.

ROMPER EL PATRÓN

Sentimos un miedo intenso a equivocarnos y eso es lo que nos paraliza al utilizar ideas nuevas y diferentes, la necesidad de ver las cosas de una manera disímil se hace mayor a medida que crecemos en Jesucristo.

Si usted logra romper su patrón alcanzará niveles nunca antes visto, usted puede hacerlo, cada persona tiene la capacidad de proyectar nuevas ideas

---

Nunca confunda ver las cosas de una manera diferente que a la manera de Dios, pues sería "nadar con la corriente". Utilice la falta de forma definida, no para alcanzar armonía y paz interior, sino para incrementar y reafirmar su poder.

PATRÓN DEL TIEMPO

Los griegos hablan de dos tipos de medición del tiempo, el primero es kronos; la otra es kairos. Uno es tiempo humano, representado por el dios kronos, palabra de la cual se derivan cronómetro, cronología, cronograma, para los griegos es el dios de la tiranía. El otro es tiempo kairos que es el tiempo de Dios, tiempo oportuno y supremo. Esto es vivir en otro nivel espiritual en otra dimensión divina, tiempo que rompe el patrón mental de pensamiento.

Romper el patrón mental del tiempo, es cuando usted entra a un nuevo nacimiento espiritual, donde la gente observará que ya no es el mismo si no una persona con un norte, que ha salido de lo ordinario y ha entrado a lo extraordinario.

Cuando decide ser cautivo a la presencia de Dios, está entrando al diseño original del por qué fue creado.

Usted cuando rompe este patrón comenzará a ver y sentir los que otros no ven, será la mujer y el hombre de este tiempo que trae respuestas certeras.

PRINCIPIO N°
22

NO DEJE QUE EL PASADO
MATE SU PRESENTE

No permita que el enemigo le atormente con los fantasmas del pasado, él sólo quiere que usted baje la guardia recordándole cómo fue su vida antes de recibir el perdón divino.

EL PASADO

¿Qué son los fantasmas? Según en el folklore de muchas culturas, son supuestos espíritus de seres vivos que se manifiestan entre los vivos de forma perceptible, tomando una apariencia visible, produciendo sonidos o aromas o desplazando objetos, principalmente en lugares que frecuentaban en vida o en asociación con sus personas cercanas.

Tomando como referencia esa definición en el ámbito cristiano podríamos llamar que los fantasmas del pasado surgen cuando usted se encuentre en el camino del éxito espiritual. Estos fantasmas no querrán su avance espiritual y aparecerán en el momento que menos usted espera, le harán que se sienta miserable, decaído y lo entristecerán de una manera que hasta querrá desear la muerte. Aunque éstos pecados hayan sido perdonados y Dios los haya borrado, los que no desean su progreso espiritual le recordarán lo que usted hizo. En la Biblia tenemos el ejemplo de David. Éste dijo que prefería caer en manos de Dios que en las manos de los hombres porque reconocía como era la intención de los actos humanos. En resumen, ¡malos!

Aún cuando las circunstancias hayan cambiado mucho y haya avanzado ministerialmente, no espere un perdón de estas personas, pues prefieren avergonzarlo de cualquier manera. No obstante, otros con más sentido humano, cristianos y no cristianos llenos del amor de Dios sí le perdonarán e incluso le ayudarán en cierto modo a que usted se levante.

El pasado significa también el peso de una herencia pecaminosa que le persigue hasta verle destruido, lo que hace que se vuelva tímido y cauteloso. Sólo cuando esos fantasmas hayan sido debidamente desalojados, dispondrá usted del espacio necesario para crear y establecer un nuevo orden espiritual en su vida.

La forma más simple de escapar de la sombra del pasado consiste en empequeñecerla. Para eso, usted necesita una conveniente madurez, no para luchar sino para reconocer y confrontar tal pasado, entregándole a Dios toda su vida.

En mi caso no conocía a ciencia cierta los peligros que encierra el pasado y no pude imaginar que después de entregarme por completo a Cristo estos fantasmas revivirían de una forma tenaz para destruirme y matarme espiritualmente.

La gente no acepta un "perdóneme, lo hice mal, lo siento" ellos quieren verle muerto, fusilado y desacreditado, no creen en la restauración y donde quieran que se mueva saldrán a señalarlos, buscarán pruebas de su pecado pasado, de un pecado que ya Dios perdonó, pero que ellos todavía lo guardan para un día creer que tienen en sus manos las armas para destruirle.

Fíjese que ese es el papel acusador de Satanás. El Espíritu Santo nos perdona y nos confronta de manera positiva y contundente, produciendo en nosotros un arrepentimiento genuino, sin embargo cuando pecamos o fallamos Satanás nos hará sentir de una manera tal que nos resulta muy difícil abrazar el perdón de Dios otorgado a nuestra vida. Usted debe saber que si un hermano lo acusa de su pecado, y mucho más si Dios ya lo perdonó, está siendo usado por el enemigo en papel de acusador y cuando la lengua de cualquier hermano es usada para acusar podemos decir con seguridad que esa lengua esta inflamada por el infierno tal como lo dice el libro de Santiago. Por lo tanto, reprenda toda acusación de pecados perdonados y no se atreva usted a acusar, aprenda del Espíritu Santo a hablar por la palabra exhortando al arrepentimiento con amor.

La gente podrá juzgarme, pero no podrán condenarme, pues ya Cristo pagó mi condenación.

TOMMY MOYA, EVANGELISTA PUERTORIQUEÑO

No me imagino al Apóstol Pedro luego de haber negado a Jesús llamar a Mateo, Marcos, Lucas y Juan para decirle "cuidado si ponen en sus escritos que negué al maestro". Me imagino a un Pedro decir, "queridos apóstoles me gustaría que escriban cómo negué al maestro, quiero que las próximas generaciones tengan cuidado de lo que hacen, pues esta indelicadeza la tendrán como referencia de que podemos ser restaurados luego de cometer un pecado como tal". De este Apóstol tenemos su historial. También esto demuestra cómo podemos usar (y Jesús las usó) las cosas de nuestro pasado para ser más fuertes en Dios.

Es cierto que Pedro negó al maestro; pero, pocos días después Jesús mismo lo instituía como su pastor sustituto "¿Pedro me amas? Apacienta mis ovejas". Jesús conoce todas nuestras debilidades y nos ayuda a sobrepasarlas. Recuerde que él es nuestro sumo sacerdote, tentado y probado en todo. Él se hace fuerte en nuestras debilidades "Mas no vivo yo, es decir estoy muerto, entonces cuando estoy muerto es que Cristo vive en mí".

A la mayoría de líderes les asusta confesar un pecado, por miedo a perderlo todo, no sabiendo que el que confiesa y se aparta alcanza misericordia, una misericordia única. Hay una especie de estatus social testarudo que se repite a lo largo de la historia y constituye un fuerte impedimento para que se reprendan esos fantasmas del pasado.

No importa lo que la gente diga de usted, sino lo que Jesucristo diga de usted. ¿Acaso son los hombres que nos darán los galardones, el cielo o la vida eterna?

Cuando un gran predicador estadounidense asumió el pastorado de una iglesia con más de 500 miembros, un asistente le hizo llegar un libro con datos registrados por pastores anteriores, referentes a reuniones del cuerpo oficial sobre las expulsiones, disciplinas, pecados cometidos y otras causas mayores. Ese pastor preguntó al asistente cuántas copias había de aquel libro. Tres, le contestó el asistente. "Bien —dijo el pastor—, tome esas tres copias y quémelas... todas. No voy a atarme a los historiales. Cada vez que aparezca una contrariedad, tomaré la decisión en ese momento y de inmediato." Adopte esta implacable estrategia para con el pasado: Cierre y queme todos los libros y enséñese a reaccionar frente a las circunstancias a medida que se produzcan. Le pregunto: ¿Por qué razón querría usted fundamentar su ministerio en cimientos de pecados, fallas, faltas, proyectos fallidos, fracasos de otras personas que intentaron hacer lo mismo que usted y otras cosas similares? Su fundamento debe ser Cristo, la roca inconmovible y firme! ¿Cree que haya un mejor cimiento que este?

No se permita dedicar sus años que le quedan a tratar de cambiar el pasado, sólo para después bajar la guardia y dejar que los fantasmas del pasado —llámense los que usted bien conoce — vuelvan a resurgir.

Tal vez se le sea difícil asimilar esto, pero usted debe estar preparado psicológicamente sobre los ataques venideros. Recuerde: la gente entrará a lo más profundo del mar a buscar su pecado. Un pecado que usted había olvidado.

El volverá a tener misericordia de nosotros; sepultará nuestras iniquidades, y echará en lo profundo del mar todos nuestros pecados

PROFETA, MIQUEAS 7:19

LA MANIPULACIÓN

Satanás envía personas al fondo del mar a buscar el pecado de los hijos de Dios y así los mantiene sojuzgado y atándolo al pasado, tratando de aplastarlo para que no pueda crecer espiritualmente obligándolo a recorrer el mismo tedioso camino que ha recorrido él. Sus artimañas y trampas son numerosas.

Los fantasmas del pecado además suelen tener su origen en personas instigadoras, arrogantes, sembradores de iniquidad y resentimiento. Si usted deja espacio para que este tipo de personas tengan influencias sobre usted entonces, se hará esclavo de estos funestos personajes. No espere a que los problemas aumenten hasta ahogarlo y no trate de negociar con ellos, una buena manera sería perdonarlos y eso neutralizará esa influencia.

Devuelva con amor todo ese odio y acusaciones. Recuerde 1ra de Pedro 4: "y ante todo, tened en vosotros ferviente amor; porque el cubrirá multitudes de pecados" y Nuestra lucha no es contra sangre y carne sino contra potestades y gobernadores de las tinieblas. ¿Le soy sincero? Si una persona supiera que cuando acusa o escarba un pecado de una persona, su lengua está siendo usada por el mismo diablo, estoy seguro mil por mil que no acusaría ni escarbaría jamás en su vida!

RESTAURACIÓN

El pasado no tiene nada nuevo que ofrecer y por mucho que usted se esfuerce, nunca podrá cambiarlo ni mejorarlo. Por eso una habilidad es saber encontrar un nuevo camino hacia la excelencia en Jesucristo, una moderna ruta hacia el propósito de Dios.

Dentro de su restauración los fantasmas casi siempre se remiten a una fuente: alguien descontento, insatisfecho crónico que infectará con su negatividad. Antes de que usted sepa qué fue lo que sucedió, el descontento se propaga. Reconozca a los que les acusan. Una vez que los haya detectado no trate de reformarlos, contentarlos y serenarlos, no los ataque directa ni indirectamente, porque son de naturaleza tóxica y ponzoñosa.

Cuando alguien le recuerda su pasado, es porque no está viviendo la gloria poderosa de su presente

Muchos de los que están en ministerios se enfrentan con los matadores del presente, revolviendo el pasado para que usted no avance, provocando que se ansíe encontrar una especie de máquina del tiempo para arreglar el pasado, pero lamentablemente imposible cambiar la historia.

Porque si siete veces cae el Justo, vuelve a levantarse
PROVERBIOS 24:16

En mis años de soltería cometí varias indelicadezas, mi desesperación por tener una familia hicieron que le diera lugar al diablo para querer envolverme en los espíritus inmundos de la lascivia, estos espíritus inmundos hicieron retrasar el plan de Dios para mí. Al reconocer esas indelicadezas propias de la carne entré en una búsqueda constante del rostro de Dios. Me aparté de los púlpitos y escenarios pedí perdón a mucha gente hasta sentir un verdadero perdón de Dios. Eso se llama principio de restitución, ¿usted agravió? Arregle el daño que hizo, tal y como dio ejemplo Zaqueo el publicano: "Si he fallado a alguno, lo devolveré multiplicado"

Yo amo a mi pueblo, a mi país, y a lo largo de toda mi vida he pagado un precio por eso. He recibido ataques feroces, a veces frontales, a veces con venenos más sutil como ahora, pero yo los perdono, mis adversarios pueden contar conmigo... con mi perdón

DR. JOSÉ FRANCISCO PEÑA GÓMEZ, POLÍTICO DOMINICANO

1937- 1998

Una cosa si debe tener en cuenta. Lo que tuvo éxito en el pasado debe trasladarse al presente, aun cuando las circunstancias hayan cambiado. El pasado significa el proceso de ayer reflejado en la victoria de hoy. Recuerde; su vida y ministerio están en las manos de Dios, no en las manos de los hombres pero sí a su vista.

El pasado también por así decirlo, es un cadáver que es usado por las personas que quieren ver su derrota, querrán que siempre usted cargue ese muerto. Abra los ojos, si su pasado reciente fue duro y doloroso asociarse a él puede llevar a la autodestrucción.

No dejes que el dolor del pasado, por grande que este sea, le acaben y le conviertan en una persona incrédula, irritable y desconfiada.

En otras palabras, preste atención a la realidad de su tiempo. Pero comprenda que, separándose por completo del pasado producirá un cambio radical en su vida espiritual y de los que le rodean. Dios le ha permitido tener este libro en sus manos y a mi escribirlo para su gloria y porque su irresistible propósito va a cumplirse en usted siempre y cuando se mantenga agarrado de Cristo. No está sólo y aunque aparezcan muchos fariseos y saduceos modernos, hay también un equipo de gente fiel que trabaja para el reino de Dios y estará dispuesto a ayudarle en cualquier área.

Le doy gracias a Dios que usted ha entrado a ese equipo, le animo en el nombre de nuestro Señor Jesús que "el que persevera hasta el fin recibirá la corona incorruptible"

Estando persuadido de esto, que el que comenzó en vosotros la buena obra, la perfeccionará hasta el día de Jesucristo.

LA BIBLIA EN FILIPENSES 1:6

AFIRMACIONES

Yo, yo soy el que borro tus rebeliones por amor de mí mismo, y no me acordaré de tus pecados.

PROFETA ISAÍAS EN SUS CAPÍTULOS 43: 25

PRINCIPIO N°
23

HÁGASE CAUTIVO
A LA PRESENCIA DE DIOS

Al manifestar su hambre por Dios, ésta le llevará a estar cautivo en todos los aspectos con quien le suple el alimento espiritual. Nunca pierda esa hambre ni esa necesidad de estar cada día en su presencia.

No buscar la presencia de Dios puede conducirlo a la muerte física y espiritual. Los estados de ánimo de los que no busca tener una intimidad se contagian y puede volverse como una enfermedad infecciosa. A menudo los que son cautivos a la presencia de Dios siempre están confiados en él y dependen de él. Ser cautivo se aplica a una persona que se siente atraída por una cualidad determinada, o dominada por alguna cosa: en este caso es cuando la causa es la presencia de Dios.

Quienes alcanzan la intimidad con Dios son aquellos que se han dejado dirigir, haciendo tambalear a la gente y a las huestes de maldad. La esencia de ser cautivo a la presencia de Dios radica en tener dominio de las circunstancias, y de la capacidad de controlar lo que se avecina. Los métodos para tener una intimidad con Dios siempre desempeñan un papel poderoso para alcanzar ser cautivo a su presencia en el poder.

Hágase esclavo de Dios, hágase su prisionero, déjelo actuar en su vida y sobretodo deje a Dios ser Dios y usted sea su cautivo, su rehén. Los rehenes dependen de la voluntad del captor o de su estado emocional e incluso son usados para todos sus propósitos. Nadie tiene más estabilidad que el Rey de Reyes, nadie es más sabio, nadie es más santo, nadie está más preocupado por usted, nadie más pendiente de usted!

A diferencia de los cautivos en el mundo del crimen, ser cautivo por Cristo es sumergirse en lo que él quiere para usted. No cuestione tanto a Dios, vaya ciegamente a donde él quiera y como quiera y en el tiempo que quiera. Y, lo que Dios quiere para su vida es mucho mejor que lo que cualquiera de nosotros pueda desear para usted.

Cuando pasamos más tiempo con Jesucristo, su imagen en nosotros aumenta de una manera sobrenatural.

AFIRMACIONES

"Yo sé que tú puedes hacer todas las cosas; ningún propósito tuyo puede ser estorbado

Job 42: 2.

EPILOGO

Amado lector: Una vez que Dios ha establecido su Irresistible Propósito para su vida, nadie puede cambiarlo. Cuando Dios ha cerrado la puerta, ningún hombre puede abrirla y la puerta que Dios abre, nadie puede cerrar, le invito a que ore, pida confirmación a Dios y comprométase más con Dios.

Reciba la paz de Cristo, la comunión del Espíritu Santo y el amor inescrutable del Padre y no deje que su conciencia sea manipulada por el enemigo.

Mi conciencia es cautiva de la Palabra de Dios. E ir contra la conciencia no es bueno ni es justo.

MARTIN LUTERO, DIETA DE WORMS EN 1521
1483 –1546